El priista que todos llevamos dentro

El priista que todos llevamos dentro

MARÍA SCHERER IBARRA y NACHO LOZANO

Grijalbo

El priista que todos llevamos dentro

Primera edición: septiembre, 2016

D. R. © 2016, María Scherer Ibarra

D. R. © 2016, Nacho Lozano

D. R. © 2016, derechos de edición mundiales en lengua castellana:
Penguin Random House Grupo Editorial, S. A. de C. V.
Blvd. Miguel de Cervantes Saavedra núm. 301, 1er piso,
colonia Granada, delegación Miguel Hidalgo, C. P. 11520,
Ciudad de México

www.megustaleer.com.mx

ISBN: 978-607-314-716-3

Impreso en México – *Printed in Mexico*

El papel utilizado para la impresión de este libro ha sido fabricado a partir de madera procedente
de bosques y plantaciones gestionadas con los más altos estándares ambientales, garantizando
una explotación de los recursos sostenible con el medio ambiente y beneficiosa para las personas.

Penguin
Random House
Grupo Editorial

Índice

Para Juan Ignacio, el antipriista
que llevo dentro. Todo es para ti
(María)

Para Rocío e Ignacio, mis padres
(Nacho)

Presentación

Todos llevamos un pequeño priista dentro... Este enunciado genial le pertenece a Carlos Castillo Peraza. Como Carlos ya no está aquí para hablar largo sobre él, su discípulo Germán Martínez nos explicó que fue dicho en los tiempos en que Castillo presidía el Comité Ejecutivo Nacional (CEN) del PAN, y su objeto de gobierno era la política total, es decir, aquella que incluía el diálogo con el gobierno (con tanta oposición como fuera necesaria, cuando el intercambio con el gobierno era un escándalo), además de la precisión ideológica y la organización eficaz.

Fue precisamente en la organización donde falló todo. Castillo soñaba con que habría un panista por manzana, bregando. Que tendría de su lado a un ejército de hombres generosos, dispuestos a dar. Pero no. Los que abundan son los otros, los opuestos: los pequeños priistas, esos mercenarios interesados en el dinero y sólo en el dinero. Los que piensan que el Estado es su deudor. El pequeño priista tiene un aumentativo y un plural; el corporativismo es el gran priista.

Hace quince años, un domingo de abril, Felipe Calderón popularizó la expresión cuando le sugirió a los diputados panistas congregados en una reunión partidista que se apoyaran en la ética que "nos hace dominar al pequeño priista que todos llevamos dentro, o al pequeño dinosaurio".

Macario Schettino, quien aparece más adelante en estas páginas, definió a ese pequeño priista como un "decrépito novohispano agazapado, aferrado a tradiciones pseudoindígenas, a creencias absurdas y a costumbres premodernas, documentadas de forma extraordinaria en *La Ley de Herodes*, de Luis Estrada", entrevistado también para este libro.

Podemos debatir si hay que combatir a ese pequeño priista o no, pero de entrada, pensamos que lo indiscutible es que ese pequeño priista existe, y que está en muchos de nosotros. Algunas personas se retorcieron cuando les preguntamos por ese ser que los habita. Otros, con cierto afán autocrítico, lo reconocen, aunque lo combaten.

¿Qué quiso decir Carlos Castillo Peraza con esa frase? ¿Cómo la interpretó Felipe Calderón? ¿Cuáles son sus implicaciones? ¿Tenemos una huella genética que nos impuso la cultura priista? ¿Cómo fuimos capaces de crear al PRI? ¿Quiénes llevan con orgullo a su priista interior? ¿Actuamos como priistas? ¿Pensamos como priistas? ¿Hablamos como priistas? ¿O los priistas hablan, actúan y piensan como el resto de los mexicanos?

Esperamos ofrecerles algunas respuestas por medio de estas entrevistas. Algunos de los personajes que aparecen en este libro —políticos, empresarios, artistas y escritores— nos dejaron ver a su priista desnudo, tal como es. Otros, cual Judas, lo negaron varias veces. Lo trataron de esconder, pero ni modo: se les nota.

Nosotros también tenemos algo que confesar. Y estamos dispuestos a revelar cómo se manifiesta el pequeño —o gran— priista que llevamos dentro.

Soledad Loaeza

Académica de El Colegio de México

El PRI es un actor político sobrevaluado.

La primera entrevistada para este libro fue Soledad Loaeza. Sabíamos que sería una brújula para nuestra investigación. Hablamos con ella en su cubículo de El Colegio de México. Loaeza, doctora en ciencias políticas, reputada escritora e historiadora, es experta en el proceso de democratización de nuestro país.

Obtuvo el doctorado de Estado *summa cum laude* en ciencias políticas en el Instituto de Estudios Políticos de París —su tesis se tituló *Classes moyennes, démocratie et nationalisme au Mexique. L'éducation à la recherche du consensus.*

Es miembro de la Academia Mexicana de Ciencias desde 1987 y desde 1990 de la International Political Science Association. A partir de 2005 también ha sido miembro de la American Political Science Association.

Es editorialista de *La Jornada* y ha escrito varios libros, entre los que destacan *México: auge, crisis y ajuste, 1982-1988*; *El Partido Acción Nacional: la larga marcha, 1939-1994*; *Oposición leal y partido de protesta;* y *Acción Nacional: el apetito y las responsabilidades del triunfo.*

"El PRI es un actor político sobrevaluado por los académicos gringos", afirma la académica, rotunda. Este partido no impulsa políticas de gobierno. Es, simplemente, un representante del gobierno federal en los estados, una maquinaria de cooptación, de control de la oposición. Su poder se ha transformado y tiene muy mala prensa.

—*¿Cuál es la característica que define al PRI?*

—La búsqueda de la unanimidad. A los presidentes mexicanos les aterra la disidencia, por eso el PRI confeccionaba la unanimidad, la cultura nacionalista con responsabilidad social. Por eso fracasó Fox. Por eso ganó de nuevo el PRI en 2012. Queríamos unanimidad de nuevo. Quizá más que buscar unanimidad, porque eso es consustancial de cualquier sistema político, procura evitar el conflicto. La segunda característica es la intolerancia frente a la oposición. En los estados están acostumbrados a eso. El PRI siempre le ha tenido miedo al conflicto. Ese miedo es parte de nuestra cultura política.

—*¿Cómo definirías al priismo?*

—Priismo es populismo, clientelismo, patrimonialismo. Es igual. Sin embargo, el PRI es un producto de identificación nacional de México. Cuando Margaret Thatcher hizo propietarios a los obreros británicos, la prensa dijo que estaba haciendo priismo.

—*¿Tenemos una especie de gen priista?*

—Sí, todo mundo lo tiene y tiene que ver con una forma de hacer política. Si bien el PRI no creó este tipo de conductas, como la corrupción, sí las adaptó. Por ejemplo, todos aceptamos la corrupción. Sabemos de antemano que robamos. Decimos sin desparpajo algo como "lo mató Salinas" o el famoso "No me des, pónme donde hay". No nos molesta la corrupción, sino que no nos toque.

—¿*Qué sigue distinguiéndolos de los otros partidos?*

—Son más perversos. Es increíble cómo le crean condiciones negativas a la oposición. Los priistas son tutores. Alientan a los jóvenes. No creo que sean más inmorales. El PRD y el PAN no son la alternativa moral de nada.

"Pienso que hay un problema en la investigación política y social sobre el PRI que nos hace caer en lugares comunes. No es igual el priista oaxaqueño que el defeño. Entre los priistas no hay homogeneidad, lo que hay son valores comunes. Por ejemplo, defienden el papel del Estado respecto del bienestar social o el nacionalismo que se define frente a Estados Unidos como referente. También tienen sentido de la institución. También los distingue la forma en que iniciaron su carrera. Distinguían entre el partido y la función pública. Los panistas acabaron con eso. Corrieron a todo mundo y trajeron a sus compadres. Finalmente diría que los priistas tienen vocación. Prefieren el poder al dinero."

Bajo el riesgo de reconocerles "más méritos de lo que merecen", bromea la investigadora, añade:

"El PRI nos dio puntos de referencia, por ejemplo, en la relación con el Estado. Recuperaron un principio de tradición histórica. Yo dejé de ver el grito después de las escenas coyunturales que se inventaba Fox."

—*Nos parece que los priistas, incluso, se ven diferentes.*

—Por supuesto. Se visten de traje. No hay día de descanso en el que no lleven chamarra. Son formales, son los mejores en la comunicación no verbal, son buenos oradores. Aprecian los rituales y la cortesía.

Juan Villoro
Escritor

El priismo ha durado tanto que ser priista en México
es como ser peronista en Argentina.

Todos conocemos a Juan Villoro. Lo leemos todos los viernes en *Reforma*. Sabemos que estudió sociología en la UAM Iztapalapa, que talleró con Augusto Monterroso y que escribió un par de canciones de Café Tacuba. También que le va al Barça y al Necaxa, que fue agregado cultural en la Embajada de México en la República Democrática Alemana en los años ochenta y que ha dado clases de literatura en la UNAM y como profesor invitado en Yale, Boston, Pompeu Fabra y Princeton. Ni qué decir de sus novelas, *El disparo de argón* —la primera— y *El testigo* —la más celebrada—. Lo que puede resultar novedoso para ustedes es que este miembro de El Colegio Nacional también tiene un pequeño priista dentro.

Después de 2000, Villoro escribió que, con la victoria de Fox, "el PRI perdió en las urnas, pero no perdió en las almas". Los usos y costumbres que derivan de los 70 años del PRI, que a su vez tienen que ver con una sociedad piramidal y cortesana perfeccionada por la Colonia, persisten.

"Teníamos la sensación de que con la alternancia democrática iba a cambiar todo y de alguna manera era la promesa del llamado gobierno del cambio, pero no es fácil romper con usos culturales tan asentados, que vienen del virreinato. Muchos de nuestros tratos son profundamente virreinales y esto se reproduce en una empresa o en un changarro. En la más mínima unidad social encontramos que hay unos lacayos, un marqués que los trata medio mal y un príncipe con aspiraciones de llegar a rey, al que todos quieren acceder. Hay relaciones de subordinación tensas pero que se disfrazan de una enorme amabilidad, hay un servilismo manifiesto. Nuestras relaciones son piramidales, jerárquicas y tenemos una amabilidad social que deriva no de la necesidad de expresarnos con cortesía, sino de la necesidad de mantener relaciones sociales bien aceitadas. Es difícil que la gente hable abiertamente mal una de otra. En México, reconocer un error es peor que cometerlo. Con la famosa revolución institucional, todo esto se institucionalizó en los sindicatos y en las relaciones corporativas que permitió y organizó el PRI y que han definido la manera de actuar de los mexicanos dentro y fuera del poder."

—*A eso hemos llegado: el PRI se parece a los mexicanos.*

—Pero el PRI ha ayudado a configurar a este tipo de mexicano, que confía verticalmente en que la solución siempre está arriba, que hay que tener mucho cuidado con los que están abajo porque quieren llegar arriba y que es muy bueno dar un rodeo para hacer las cosas, y mejor aún si es en lo oscurito…

—*¿El* PRI *es un buscador de consensos?*

—Sí, no es una política de confrontaciones la de Plutarco Elías Calles cuando llama a pasar de la política de las armas a la política de las instituciones y crea las bases para el futuro PRI. Él lo que está pidiendo es, justamente, una política de consensos entre gente que no necesariamente está de acuerdo, porque una de las paradojas de la Revolución mexicana es que la mayoría de los caudillos lucharon para matarse entre sí, es decir, Villa y Zapata lucharon contra Obregón y luego Obregón y Carranza tuvieron desavenencias, y casi todos trataron de aniquilarse, y todos para nosotros son héroes por igual. O sea, lo que llamamos Revolución mexicana es el acta de reconciliación póstuma de gente que era enemiga entre sí. Eso que hacemos pasar por consenso ha producido esos pactos corporativos que son como una pizza, con rebanadas muy claras donde el ejército controla una parte, otra los sindicatos, otra los empresarios, otra los campesinos organizados, otra los intelectuales. Los supuestos consensos son pactos de interés, no son voluntades de unión para llegar a un acuerdo.

—*¿Los priistas se ven de cierta manera? Si te pusiera aquí en esta mesa a buscar a un priista como se busca a Wally, ¿lo encontrarías?*

—Es que el priismo ha durado tanto que ser priista en México es como ser peronista en Argentina. Hay muchos modos de ser priista, y el priismo ha tenido proyectos rotativos y contradictorios a lo largo de su vida: ha sido populista, ha sido estatista, ha propuesto la libre empresa, ha sido pro capitalista, luego ha tenido estas confusiones contradictorias como el liberalismo social de Salinas.

—*Y coexisten…*

—Exactamente, coexisten. Más que un partido, el PRI ha sido la gran fuente de trabajo y el gran reparto de expectativas de los mexicanos, que se renuevan cada seis años. Es una organización parecida a la de una kermés, en donde tú, dependiendo de la cercanía que puedes tener con ciertos miembros del partido o del gobierno, tienes mejores boletos para participar en una rifa. Hablamos de nuevo de esta sociedad cortesana, patrimonial, articulada a partir de un recambio de expectativas porque ha habido un recambio de proyectos muy diferentes: uno nacionaliza la banca, el otro la privatiza; uno permite la inversión extranjera, el otro se declara furibundamente nacionalista. En realidad el PRI ha dado para todo.

—*¿Pero hay características que comparten? El lenguaje, por ejemplo.*

—Sí. Hay muchas cosas en común, y esto ha permeado a toda la sociedad mexicana y lo vemos en todos los partidos políticos y casi en todas las prácticas sociales. Una de estas características es la concepción piramidal del poder. Otra característica muy definida del PRI es la búsqueda de un consenso, no entendido como llegar a acuerdos para una causa común, sino como pactos de beneficio mutuo entre grupos rivales. Otra característica importante es no soltar nunca el poder. Esto lo podemos ver también en las empresas. México es un país de monopolios, es un país piramidal en la economía, es un país en donde es muy difícil que haya renovaciones. Otra característica esencial del priismo es la confusión entre lo público y lo privado; la manera de tener éxito en la vida en México pasa por las instituciones. Si eres intelectual, porque te van a dar desde la beca para jóvenes creadores, luego el sistema nacional de creadores, luego el premio nacional, y vas a ser de por vida creador emérito para que te den todas las prebendas y los beneficios en nombre el Estado, el mismo Estado que te acredita como intelectual importante. Si eres empresario, la mejor manera de hacer negocios en México es tener contactos con el gobierno que te va a dar terrenos a mitad de precio, insumos favorables, que te va a poner una carretera donde necesitas que llegue y te va a exentar del pago de impuestos cuando sea necesario. En fin, te va a hacer una ley a modo, dependiendo del ramo en el que estés. La famosa frase de "Vivir fuera de presupuesto es vivir en el error" de cierta manera es cierta. Esta confusión de lo público y lo privado es muy típica. Tú ves a la gente que no necesariamente es política tratando de acercarse a algún tipo de presupuesto oficial, de tener algún contrato de proveedor en una secretaría, de hacer los sándwiches para los banquetes del gobernador. Lo importante no es tener un rancho y hacer jamón, sino que ese jamón te lo compre el gobernador o el alcalde.

—*Ponle cinco adjetivos al priista.*

—Cínico, corrupto, patrimonial, resistente y algo muy mexicano: *cuatachista*. Esto último tiene que ver con una mezcla del afecto con el interés. México es un país muy sentimental y muy dado a hacer que las emociones formen parte de las decisiones profesionales. En el mundo anglosajón es muy clara la división entre una decisión de trabajo y cómo queremos a una persona. En el mundo latino, y especialmente en México, es muy difícil separar la emoción de las decisiones profesionales. En el priismo no solamente no hay una separación, sino que hay una confusión, y ése es el *cuatachismo*. Hay casos emblematiquísimos como el de López Portillo que nombró a su hijo (el orgullo de su nepotismo), a su yerno, a su amigo de la infancia, a su amante. Es una hiperemocionalidad que está decidiéndolo todo. Peña Nieto gobierna con un pequeño grupo; también Felipe Calderón, aunque no era priista, gobernaba con un grupo muy cercano de amigos. Pero es muy típico del PRI: tú tienes derecho patrimonial a usufructuar el presupuesto porque tú lo gestionas, pero podrías no repartírselo a tus amigos. El priista no puede con eso; empieza a establecer estas redes que son muy fuertes y que tienen que ver mucho con los principios de la mafia. Pocas personas son tan leales como un mafioso, porque saben que el precio de romper con ella es muy alto y porque establecen vínculos afectivos muy hondos, como de familia. Y por eso no extraña que en el PRI aparezca el hermano incómodo, para usar la frase del célebre Julio Scherer, que viene justamente de esas relaciones.

—*¿Tú tienes un priista dentro?*
—Desgraciadamente sí, porque todos nosotros hemos aprendido que el camino al éxito pasa por esto y hemos visto estas prácticas en nuestra escuela, en los *boy scouts*, en un equipo de futbol. Cualquier organización mexicana, en mayor o menor medida, sigue estos patrones, así que todos nosotros hemos necesitado de estos códigos para sobrevivir. Ahora, yo espero ser un priista muy fracasado, y como me dedico a una tarea que se practica en soledad y como nunca he estado en un grupo propiamente dicho, el aislamiento ayuda.

—*¿Dirías que miente quien dice que no tiene un priista dentro?*
—Creo que no se ha dado cuenta de que lo tiene. Uno de los principios básicos del psicoanálisis es que no superas los errores negándolos sino reconociéndolos.

—*Menciona tres momentos que pinten al* PRI.

—Si algo ilustra al PRI es el discurso de Echeverría de "Cerremos las puertas a los emisarios del pasado". El PRI es un dinosaurio que cambia de piel, que nunca se renueva, pero su discurso es precisamente cerrar las puertas a los emisarios del pasado. Cambiar de pellejo, no de especie. Otro momento es cuando López Portillo llora en su informe de gobierno por no haber podido amparar a los pobres, en esa mezcla del cinismo y la emoción. Es el responsable del delito llorando porque lo cometió. Es la metáfora perfecta del PRI. Pero el PRI que me impresiona y me asusta más es el que se acerca con éxito a aquello que debería repudiar. Como dictaba el famoso aforismo de Reyes Heroles: "Si resiste, apoya". Por ejemplo, la incorporación de la disidencia.

—*¿El Pacto por México?*

—En su versión más moderna. Ése es el PRI más complejo y más maquiavélico. Y me da miedo.

Marcelo Ebrard
Ex jefe de Gobierno del Distrito Federal

Jefe sólo hay uno...

No es un dato menor que Marcelo Ebrard haya sido el primer jefe de Gobierno del Distrito Federal que completara su sexenio.

Su carrera política comenzó en el PRI, y es posible que ese partido haya terminado con ella...

Fue secretario general del extinto Departamento del Distrito Federal y subsecretario de Relaciones Exteriores, cuando Manuel Camacho Solís fue canciller.

Fue diputado por el PRI y por el Partido Verde, ocasión en la que se convirtió en uno de los más duros críticos del Fobaproa, el rescate bancario.

Fungió como secretario general del Partido de Centro Democrático y también fue su candidato a jefe de Gobierno del Distrito Federal, pero renunció a favor de Andrés Manuel López Obrador. Éste lo nombró secretario de Seguridad Pública, hasta que Vicente Fox lo destituyó después del linchamiento de tres policías en la delegación Tláhuac. Brevemente se desempeñó como secretario de Desarrollo Social del Distrito Federal, pero dejó el cargo para lanzarse como candidato a jefe de gobierno.

En 2010 Ebrard recibió el Premio de Mejor Alcalde del Mundo por la Fundación City Mayors y en 2012 fue nombrado por ONU-Hábitat presidente de la Red Global de Ciudades Seguras. Dejó ese cargo en 2014 para contender por la presidencia del PRD, partido a cuya militancia renunció más adelante.

Fue postulado como aspirante de representación proporcional por Movimiento Ciudadano para las elecciones federales de 2015, pero el Tribunal Electoral del Poder Judicial revocó su candidatura. No fue el año de Marcelo Ebrard. Varios de los suyos han sido acusados por cometer irregularidades durante la construcción de la Línea 12 del Metro, que concluyó con prisa en 2012. El político ha denunciado la persecución del gobierno de Enrique Peña Nieto y vive en París. Esta conversación tuvo lugar antes de eso.

—*¿Qué cosa es eso llamado PRI, Marcelo?*

—El PRI es una estructura política y también una cultura política, una estructura política que se forma o se consolida en los años cuarenta del siglo pasado, asociada a una cultura de sobrevivencia política, de mucha cortesanía. No inventaron nada, pero juntaron todas las piezas.

—*¿Tú qué tendrías que decir acerca de las prácticas, de la cultura, del modo de ser priista?*

—Hay prácticas distintas en el priismo. Algunas son buenas, sensatas e inteligentes; hay otras que no lo son por sus efectos, por ejemplo, la práctica de la complicidad. Lo que importa es que el jefe te vea bien, no importa lo que la ley diga. Una práctica positiva es la eficacia. La política tiene consecuencias: si no haces tu trabajo, te vas. Hay seriedad en ese sentido. Yo creo que la peor parte es este hábito cortesano de quedar bien con el jefe, que eso importa más allá de cualquier otra consideración. Aprenden a ocultar las convicciones. Es muy difícil que en el PRI presencies alguna discusión mínima, salvo entre pares. Otra práctica es el patrimonialismo: las familias se perpetúan. Somos un capitalismo dinástico, y si se me permite hacer el símil, en el caso del PRI, cada vez cuentan más las familias, los nombres, las esposas, los hijos. El familismo y la sanguineidad son lo más importante. Y bueno, el Ejecutivo todopoderoso que es como la aspiración máxima en la cultura priista.

—*Sea gobernador, presidente, presidente municipal, presidente del partido...*

—El ejecutivo que toque. Lo que les importa es que el plan del presidente en turno se lleve a cabo completamente. Lo ideal, lo óptimo es para ellos la unidad nacional; la deliberación les estorba. El parlamento es lo peor que hay. Todas estas ideas están asociadas. La oposición es buena siempre y cuando sea la oposición que el poder defina. Es una idea totalmente contraria a lo que sería una democracia representativa con sus contrapesos. En la cultura priista sólo importa el Ejecutivo. Ahora, todo esto se fue generalizando, de modo que es una cultura política muy extendida. "Si no podemos controlar al Congreso, lo agarramos por decreto." La aspiración del PRI es la unidad; que nadie quede fuera, y en consecuencia, que no se pierda el control. Eso se acentuó después de la Revolución mexicana, porque cuando Obregón entra a la Ciudad de México había 72 partidos y un gran número de células armadas de todo tipo. Por eso la obsesión en ese momento fundacional fue crear un orden jerárquico controlable, unitario. La obsesión, la piedra de toque de la cultura priista es la obediencia al jefe. El PRI es una institución de origen militar. Su estructura es similar a la de un ejército. En eso son jesuíticos. Y nada más hay un jefe.

—*El presidente...*

—El presidente de la República, el delegado, el gobernador y así sucesivamente. Ese modelo ha sido replicado por el PAN y por el PRD en muchos sentidos.

"Una de las características clásicas del priista es la obediencia, obediencia que lleva a niveles de cortesanía, servilismo y corrupción cada vez mayores. El jefe nunca se equivoca y hay que agradar al jefe como sea: ahí tienen la descripción de esa cultura, y ahora tiene una presencia muy importante en los partidos de oposición. En los últimos años Acción Nacional se ha transformado muy rápido; aceleró su importación de prácticas priistas. El PRD, también. La liturgia perredista se parece a la del PRI."

—*¿Cuántos años fuiste priista?*

—Entré a fines de los setenta y renuncié en 1995.

—*¿Por qué entraste?*

—Estaba estudiando en El Colegio de México cuando se convocó a un proceso de cambio que me pareció fascinante;

se planteó un proceso político de renovación, de reforma, de inclusión del Partido Comunista, y me pareció interesante participar. ¿Cuáles eran las opciones de participación de esa época? El PAN... *Forget it.* Vengo de escuelas católicas y de una familia católica apostólica romana, pro Vasconcelos, antijuarista, y los valores que yo pensé que debería defender en la juventud entraron en conflicto con aquéllos, más conservadores. Y hubo dos cosas que me marcaron como adolescente: la llegada de un grupo de exiliados chilenos a la escuela y la secuela 68-71.

—*¿Qué cargos ocupaste?*
—Nunca tuve un cargo importante en el PRI. Fui muy marginal.

—*Camacho fue un líder para ti...*
—Camacho fue un maestro. Siempre fue un reformista. En el 95 llegué a la conclusión de que en el PRI nada iba a cambiar y no me equivoqué. Hoy el PRI está reinstalando lo que me llevó a renunciar.

—*¿Qué aprendiste de ser priista?*
—Aprendí con una serie de funcionarios públicos. Hay gente muy valiosa. ¿Qué aprendí? Que toda acción tiene una consecuencia, positiva o negativa; que tienes que ser muy cuidadoso con lo que dices, con quién lo dices y dónde lo dices, y que el trabajo es lo único que te puede garantizar cierto respeto.

—*¿Qué tiene de bueno el PRI?*
—Eficacia; que sí mantiene su unidad. Y hoy está aprovechándola para reinstalar un presidencialismo feroz. Estamos

en un proceso de instalación cualitativamente superior del presidencialismo en México. Ahí van otra vez de regresito.

—*¿Queda algo de un priista dentro de ti?*
—Yo creo que todos compartimos alguna parte de la cultura política mexicana, pero no tengo la cultura de la cortesanía, de las complicidades. Es más, me ha costado decir "no estoy de acuerdo con esto".

—*¿Expulsaste a ese priista en el 95?*
—No. Nunca fui un priista típico. Éramos rarísimos.

Elena Poniatowska
Escritora

Todos llevamos un Salinas dentro.

Elena Poniatowska, parisina de nacimiento, es casi tan reconocida como activista que como escritora. Ha ganado muchísimos premios, uno de los más recientes y relevantes es el Cervantes en 2013. Ella fue la primera mexicana en obtenerlo y la cuarta mujer.

Su carrera periodística inició en 1953 en *Excélsior* y continuó en *Novedades* y *La Jornada*. *Lilus Kikus*, una colección de cuentos, fue su primer libro de ficción, pero se hizo realmente notoria con *Hasta no verte, Jesús mío* y, sobre todo, con *La noche de Tlatelolco*. Entre sus obras destacan las biografías de Tina Modotti, Angelina Beloff y Leonora Carrington.

En las elecciones de 2006 apoyó abiertamente a Andrés Manuel López Obrador, el candidato de la Coalición Por el Bien de Todos.

Obtuvo el Premio Nacional de Periodismo en 1978, por sus entrevistas, muchos años antes de que fuera ciudadanizada. Ha recibido decenas de doctorados *honoris causa*, entre ellos

los de la Universidad Autónoma de Sinaloa, la Universidad Autónoma del Estado de México, la New School of Social Research de Nueva York, la Florida Atlantic University de Boca Ratón, la Universidad Nacional Autónoma de México, el Manhattanville College y el Premio Nacional de Ciencias y Artes en el área de lingüística y literatura, el Premio María Moors Cabot (que entrega la Universidad de Columbia) y el Premio Rómulo Gallegos.

—*¿Usted cree que todos llevamos un priista dentro?*
—Leonora Carrington decía que todos llevamos un Salinas dentro. Fue muy bonito que ella lo dijera. Fue muy simpático que dijera semejante cosa.

—*¿Y usted lo cree?*
—Pues yo no sé. Yo no le doy connotaciones filosóficas. Pero a ella le interesaba mucho la política y eso dijo.

—*¿Usted cree que los mexicanos llevemos un priista dentro?*
—No, creo que muchísimos no, que quizá lo llevaron en años anteriores, pero creo que ahora el PRI está tan desprestigiado y tan muerto que no. Ha muerto dentro de cada mexicano. Claro que todavía hay mucha inercia, ahora se ve que todavía es el PRI el que gana porque es verde, blanco y colorado, porque se apropió del emblema de la bandera y de todo lo que es el Estado.

—*¿Usted tiene un priista dentro?*
—No, para nada.

—*¿Cómo era el priista que muchos llevaban dentro en el 68 mexicano?*

—Yo puedo hablar sólo del punto de vista de los chavos, porque realmente yo nunca he tenido relación con poderoso alguno.

—*¿Qué impresión le dio Salinas cuando lo conoció?*

—De alguien súper inteligente, de alguien a quien no se le iba una.

—*¿Qué piensa usted del PRI?*

—Que se condensa en el fracaso de Enrique Peña Nieto. Nada más hay que ver que los constructores de túneles, como *el Chapo* Guzmán, están más avispados que Peña Nieto, ¿no? Los pasadizos en México son pasadizos de corrupción por donde avanza toda la política mexicana. Creo que *el Chapo* es un personaje horrendo, que por él han muerto miles de personas y por él hay muchos problemas, pero finalmente lo que palpas en la calle es simpatía hacia él.

—*¿Usted considera que el PRI de 2015 es un nuevo PRI?*

—No, yo creo que es un PRI que sigue su misma trayectoria, su misma forma de ser, su misma compra de votos, su mismo abuso de la miseria de los mexicanos, su misma repartidera de despensas o de pollos asados, de todo lo que dan. Sigue siendo la punta de flecha de la corrupción de nuestro país.

Roberto Gil Zuarth
Presidente del Senado

El priista interno es un trastorno de personalidad
que padecen los antipriistas.

Roberto Gil Zuarth es un joven político panista con una carrera meteórica. Tiene 38 años y ya ha sido legislador, subsecretario de Gobierno de la Secretaría de Gobernación, candidato a la presidencia de Acción Nacional —que perdió frente a Gustavo Madero— y secretario particular de Felipe Calderón mientras fue presidente de la República.

Abogado por el ITAM y maestro en derecho constitucional por la Universidad Carlos III de Madrid, fue asesor de Alonso Lujambio cuando éste fue consejero del IFE y coordinador de asesores en la Secretaría de la Función Pública, a cargo del entonces secretario Germán Martínez Cázares. Coordinó la campaña de Josefina Vázquez Mota a la Presidencia de la República.

Antes de presidir la Mesa Directiva del Senado, fue presidente de la Comisión de Justicia, miembro de la Comisión de Anticorrupción y Participación Ciudadana y de la Comisión de Derechos Humanos de la misma Cámara.

—*¿De quién es la frase "todos llevamos un pequeño priista dentro"? Unos se la atribuyen a Carlos Castillo Peraza y otros a Felipe Calderón...*

—Es cierto que se la atribuyen al presidente Calderón, pero por lo menos dos personas dicen que es de Carlos Castillo, Germán Martínez y Bernardo Ávalos, que fue un entrañable amigo suyo. Podríamos decir que quien desarrolla el concepto es Carlos Castillo, pero quien puntualiza la frase es Felipe Calderón y también quien la populariza.

—*Y Federico Ling decía que no estaba tan mal tener a ese pequeño priista dentro.*

—En alguna corriente del PAN se utilizaba ese concepto para explicar o sugerir la necesidad de cierto pragmatismo político dentro, que no fuese únicamente una posición ideológica. La política tiene una posición ideológica pero también una dimensión pragmática. Hay que tomar decisiones, incluso hacer cosas indebidas para obtener un buen propósito. Se trata de esta lógica de que el priista es por definición pragmático, mientras que el panista no se separa de sus tesis ideológicas, toma sus decisiones desde la convicción y olvida un poco la dimensión de la ética de la responsabilidad.

"Yo creo que el pequeño priista que llevamos dentro es una suerte de trastorno de personalidad que padecen únicamente los que se dicen antipriistas, que tiene ciertos comportamientos y parámetros de conducta muy parecidos o muy cercanos al ser priista. Los imita y muchas veces los imita mal; es como una suerte de fobia americanista, es decir, que odias al América pero toda tu concepción del futbol y la evolución de la liga es en función del América, de si metió gol, si ganó, si perdió, si empató. Rechazas al PRI y te defines como anti-priista, pero toda tu concepción de la política, de los partidos, de la grilla, es en función del PRI, en función de lo que hacen o de lo que dejan de hacer. Eres un furibundo antipriista pero te quieres parecer a Manlio. Ése es el pequeño priista que llevamos dentro.

—*¿Tú crees que aun los antipriistas lo tienen? ¿Los ex priistas? ¿Todo opositor tiene un pequeño priista dentro o no? ¿O sólo el antipriista rabioso?*

—El que es filopriista no tiene ese dilema, al contrario, alimenta a su pequeño priista para hacerlo grande. Sólo el antipriista y quizá el antipriista furibundo es el que tiene una suerte de Pepe Grillo que le está diciendo "compórtate de tal manera porque ésa es la cuerda de la eficacia de la política". Todos los antipriistas que tienen un pequeño priista dentro sueñan con protagonizar cualquiera de las leyendas de la alta política priista, una suerte de alta conspiración, de alta política donde con el látigo de la eficacia resolvieron un problema mayor. Yo creo que sólo el priista tiene ese trastorno de personalidad y ese dilema. El priista nunca deja de ser priista, es como el beso del diablo.

—*¿Aunque sea, por poner un ejemplo, un gobernador perredista?*

—Aunque sea gobernador perredista sigue siendo priista, pero ése no reniega, ése tiene una formación, ha modelado su perfil y su identidad a partir del PRI. A ése no le aplica el concepto del pequeño priista. El pequeño priista es aquel que se rehúsa a ser, el que nunca quiso ser, el que no quiere ser, pero que constantemente emula comportamientos.

—¿*Como quién?*

—Al que cites del PAN, al que cites del PRD.Vimos de forma plástica cómo el pequeño priista se hizo presente en muchos antipriistas en el Pacto por México; ahí vimos al pequeño priista en todo su esplendor, el antipriista furibundo pero que quiere estar cerca del presidente, que quiere la foto con el presidente, que quiere el evento fastuoso, que quiere estar en la *red carpet*, que quiere recibir el premio a la mejor contribución a la República, el que quiere estar en la primera fila de Palacio Nacional, porque el pequeño priista tiene el comportamiento propio de los priistas. En esta lógica, como diría Francis Underwood, la política es como los bienes raíces: todo es cuestión de localización; entre más cerca del poder estés, más poderoso eres. Un ejemplo típico del reflejo del pequeño priista que llevamos dentro es que el pequeño priista le dice a la conciencia del furibundo antipriista: "Estás muy lejos del presidente porque estás en cuarta fila, si fueras más hábil estarías en primera fila", y entonces haría lo que fuera por sentarse adelante, para ser visto, para saludar a su adversario, para que le dirijan un saludo, para que le agradezcan su aportación en el Senado, para que le agradezcan estar presente en ese evento. Paradójicamente son los antipriistas los que más buscan ese tipo de momentos, de cercanía con el poder.

—*Si Francis Underwood fuera mexicano, ¿sería priista?*

—Yo creo que sería un gran priista. Por el pragmatismo de la política. El priista es un gran pragmático; en el PRI te enseñan y te forman para no estar atado a una definición ideológica, ésa es la gran virtud del PRI como partido político y ésa es también la gran utilidad que tiene el PRI como organización.

Los priistas en realidad no están atados a una ideología; en el
PAN y en el PRD todo el tiempo se sufren esas contradicciones
entre sus tesis o sus programas con la práctica política. El
priista es pura práctica política; no pasa por estos dilemas de
ser congruente o debilitar un sistema de principios, un sistema ideológico que supuestamente ordena y conduce tu conducta. Por eso Francis Underwood sería un priista, no un
pequeño priista.

—*¿Crees que todavía es posible perfilar un priista?*
  —Sí, claro. La primera característica, insisto, es su pragmatismo. Segundo, tienen un altísimo grado de cinismo en
política. Ellos no piden moche, hacen operaciones políticas y
no tienen sentido de la culpa. Ésas son las tres características
del priista, el viejo, el duro, el clásico. Deciden en función de
objetivos políticos, nunca reconocen que están actuando al
margen de la ley, en el bordecito o en la zona gris. Para ellos,
los fines justifican los medios y no tienen ningún sentido de
la culpa, a diferencia, sobre todo, de los partidos que tienen
una orientación católico-cristiana. A éstos les cuesta mucho
trabajo tomar decisiones desde el punto de vista práctico, son
muy resistentes a tomar decisiones en la zona gris y en tercer
lugar viven atados a la culpa. Por ejemplo, Felipe Calderón.

—*No necesariamente son defectos...*
  —No son defectos, son atributos. Por cierto, desde Ma-
quiavelo, son características de la eficacia en política.

—*¿Como es el priista que llevas dentro? ¿Cuando sale, cómo se manifiesta?*

—El mío se manifiesta en los momentos de hacer travesuras contra el PRI; se expresa en todo su esplendor cuando hay que diseñar alguna estrategia para doblar al PRI, para meterlo en un aprieto.

—*¿Pensar y actuar como ellos para vencerlos?*

—Yo lo pienso, pero para no hacer muy grande a mi pequeño priista mejor trato de construirlo como una llave de judo; para poder doblegar a tu adversario tienes que utilizar su fuerza y sus propias capacidades motrices. Quizá la mayoría de las veces cuando aparece el pequeño priista es cuando intento hacer una llave de judo, jugar con sus propias reglas. Quizá el pequeño priista se revela fundamentalmente en las formas de la política, en la pompa y la circunstancia, en las formas del acercamiento, del diálogo, de la interlocución, de las formas de la expresión política. Ahí es donde quizá el pequeño priista se hace más evidente. Ahí tienen al antipriista presentando a otro en función de su cargo, no en función de su nombre: "Mira, te presento al secretario de Desarrollo Social", dicen, en vez de: "Te presento a fulano de tal, secretario de Desarrollo Social". "Mira, te presento al compadre del presidente." Es una constante, pero es parte de la praxis priista.

—*¿Cómo aprovechas a tu pequeño priista? ¿Y cómo lo combates?*

—Cuando es necesario mentir en política, en concreto una votación en el Senado, el típico acto de blofeo en política es una expresión del priista que llevamos dentro. "Vamos a ganar la votación, tenemos todos los votos", aunque no tengas ni uno. El típico blofeo es un acto del pequeño priista. Otro, el perdonar vidas. El priista siempre te perdona la vida en política: "Les íbamos a ganar la votación pero queremos seguir construyendo con ustedes; no vamos a atropellarlos, vamos a hacer que la democracia se exprese". Es otra muestra típica del antipriista dejando salir a su pequeño priista.

"El priista siempre gana y aunque haya perdido construye una narrativa para explicar, razonar e incluso justificar que no perdió."

—*Cae parado.*

—Siempre. Es decir, yo hice mi estrategia y el resultado ya estaba planeado. O sea que tú quedaste en ese lugar porque yo lo decidí. El pequeño priista provoca ese tipo de razonamientos. Caso concreto e histórico: el PRI no perdió las elecciones tales, fueron "concertacesiones". De repente salen panistas o perredistas que dicen: "Nosotros entregamos el poder porque es deseable la alternancia cada 12 años", pero ése es reflejo de un priista.

—*¿Cómo debieron "jugar" a ser priistas para mantener la Presidencia?*

—Con una intervención mucho más decidida de lo que nosotros denominamos como el sistema PAN, es decir, gobierno, partido y liderazgos.

—*¿Como maquinaria?*

—Como una maquinaria, en efecto.

—*Como la envidiable maquinaria del PRI...*

—Cuando el PRI va a elecciones es un sistema: gobierno, partido y campañas son un mismo cuerpo. Creo que el PRD no tiene ese problema, pero el panista divide en compartimentos: una cosa es el gobierno, otra cosa es el partido, otra cosa es la campaña. Ser un poco más priista hubiese provocado que estos tres brazos naturales de una organización para ganar una elección se hubiesen acercado mucho más, y eso no implica violar la ley, implica utilizar los instrumentos que tienes a tu alcance para cumplir con un objetivo. Hay que aprender a jugar en la zona gris, la zona de lo a-lícito.

"Si funcionan estos tres compartimentos como una sola organización, la forma de elegir candidaturas, por ejemplo, no es causa sino consecuencia, se eligen en función de la mayor rentabilidad, de la dinámica más favorable desde el punto de vista interno, el que menos problemas genere de procesamiento interno. Así decide el PRI.

"Una vez me contó Moreira, cuando era presidente del PRI, que decidían las candidaturas así: que sentó a todos en una mesa y puso al que quería a su lado izquierdo y empezó a repartir cargos por su lado derecho. 'El partido considera que tú serías un extraordinario regidor porque has sido dos veces síndico, dos veces diputado federal y ahora necesitamos a un regidor con tus características', le dijo a uno. Ése sabía que si no aceptaba, a lo mejor no le tocaba nada. 'Usted fue un extraordinario parlamentario. Lo haría genial como diputado local.' Cuando llegó hasta el último, al de la izquierda, dijo: 'La única que me queda es la candidatura a gobernador. ¿Qué les parece si se la damos a él?'

"En el PAN todo el mundo se ve sentado en la mesa de repartición de candidaturas tirándose a jalones. El priista es disciplinado, profundamente disciplinado. En el PRI hay jerarquías y además hay un principio en el priismo: la política es de ciclos y el ascenso se da a través de una suerte de movimiento ascendente en una pirámide. Es como una suerte de cadena alimenticia, en la que hoy eres charalito, creces, asciendes, te disciplinas y quizá mañana te toque algo, pero si te indisciplinas, es casi seguro que no te toque mañana."

—*¿Los priistas cumplen su palabra?*
—Son cumplidores. Pero también utilizan ciertos atajos o ciertas coartadas para no quedarte mal. Por ejemplo, la típica del cambio de circunstancias. "Sí, hombre, hablamos en aquel momento, llegamos a ese acuerdo, pero cambiaron las circunstancias." Otra típica es que te atribuyan el cambio a ti: "Es que tú te subiste a declarar en contra mía, y ¿cómo voy a quedar con mi grey?" Siempre encuentran una excusa a partir de un cambio circunstancial que le atribuyen a su interlocutor. En el PAN y en el PRD son menos cumplidores con su palabra, por eso el priista siempre busca interlocutores que tengan capacidad de cumplimiento. Su propia subsistencia depende de la palabra empeñada del otro.

—*¿Qué pasa con el pequeño priista en el caso del Verde?*
—No, yo creo que no hay pequeño, es un gran priista.

—*Es un gran priista en un pequeño partido...*
—Yo diría que el Partido Verde es el priismo kosher, una especie de priismo de élite, un priismo popis, un priismo fancy, un priismo Salvatore Ferragamo. Su dirigente tiene todas las formas del PRI, piensa igual, es filopriista, pero no pasa por los tacos de barbacoa con el líder de la sección, no pasa por las bodas y los bautizos, por la primera comunión del hijo del

líder sindical. Ellos no. Ellos hacen política en Polanco y de vez en cuando en la Condesa, por excepción. El Verde tiene todas las comodidades de la alta política, se sienta con los dueños de los periódicos, se sienta con dueños de las televisoras, se sienta con los empresarios.

—*También en los medios de comunicación más de uno lleva un priista dentro...*

—Sí. Hay muchos comunicadores que tienen el reflejo de la cercanía del poder. El secretario de Hacienda es mi cuate, "nos pineamos"."Déjame preguntarle a mi amigo el secretario." El pequeño priista en los medios de comunicación revela que comió con el gran priista, te dice que te manda saludos; tampoco falla a ningún evento social porque si lo saludan quiere decir de entrada que está muy bien parado o que se alinean los astros para conseguir esto o lo otro. Hacen esas lecturas.

"También es muy típico de ellos hacer un evento para medir su capacidad de convocatoria. En las notas periodísticas siempre sale a relucir el dichoso poder de convocatoria que mostró el personaje en cuestión. Y luego se da una suerte de simbiosis: el comunicador es invitado por el priista para que dé cuenta de la capacidad de convocatoria y el comunicador se siente parte de una élite política porque fue invitado a la fiesta."

—*Pasa lo mismo con los informes.*

—Sí, ahora todo el mundo rinde informes. El informe es un invento priista, y ya no importa lo que uno diga sino quién va o quién falta al informe. Y ahí ya revuelven a los políticos, los deportistas y los del sector cultural, y ahí cabe hasta la protagonista de la telenovela de las nueve. Los informes fueron una invención priista para remediar la imposibilidad de organizar bodas todo el tiempo. El informe es el sucedáneo coyuntural de las bodas o de los bautizos. Pero de que no faltan, no faltan, porque sí se compraron aquella idea de Fidel Velázquez: "El que se mueve no sale en la foto".

—*"Haiga sido como haiga sido" es frase de un pequeño priista.*
—Es un furibundo antipriista que dice: "Me vale madre, yo gané". Eso lo dijo un furibundo antipriista con su pequeño priista en los controles.

—*¿A qué priista admiras?*
—A Manlio [Fabio Beltrones].

—*¿Por qué?*
—Más que admiración, es respeto por su capacidad de sobrevivencia.

—*Y de reinvención…*
—Es cierto, nunca regresa siendo el Manlio que se fue, regresa siendo un Manlio diferente. Hoy es un hombre de peso completo, al que todo mundo quiere saludar. Creo que es el político más temido dentro de su propio partido, al que ven con recelo, porque él rebasa, sea por la derecha o por la izquierda. Siempre tienen el problema de dónde ponerlo para que no haga sombra. Está en la mejor etapa de su vida: no tiene nada que perder y éste será quizá su último ciclo relevante en política.

"Otro al que le tengo respeto es a Emilio Gamboa, un mago de las relaciones políticas. Lleva 30 años en primera fila.

Ha visto pasar a cuatro presidentes del PRI, a dos presidentes del PAN y sigue en primera fila. Ha visto todos los episodios de la vida nacional en primera fila. Pero Manlio tiene una gran capacidad de construcción de políticas públicas; tiene una visión mucho más clara del país, está imbuido de las nuevas tendencias y las nuevas discusiones. En el PAN no veo a nadie con esas características. Por eso dije al inicio que tenemos un trastorno de personalidad: uno reniega del priismo, es un furibundo antipriista, pero en algo se quiere parecer a Manlio."

Manuel Clouthier
Diputado federal independiente

El priista es un cabrón gandalla.

Estuvimos con Manuel Clouthier en un restaurante de la Condesa, muy cerca de su departamento de la Ciudad de México. El sinaloense hace mucho tiempo que dejó de ser "el hijo de Maquío". Es el primer diputado federal independiente, aunque ya tenía experiencia —aunque frustrante— como legislador, por las siglas de su ex partido, Acción Nacional.

Clouthier, ingeniero en sistemas por el Tec de Monterrey, fue miembro del Grupo San Ángel y un activo impulsor de las candidaturas de su padre, sobre todo de la de gobernador. Clouthier fue invitado a ser senador por el PRD, por el Partido Verde y por Movimiento Ciudadano, pero los rechazó a todos. Sin embargo aceptó cuando Andrés Manuel López Obrador, como candidato a la Presidencia de la República del Movimiento Progresista, le pidió que fuera contralor ciudadano anticorrupción.

Primero describamos al priista, sugiere:

"Creo que de que lo llevamos, lo llevamos, por lo menos los que nacimos en la cultura del viejo régimen. El priista es un cabrón gandalla; es un cabrón que abusa del poder, que ejerce el poder con criterio patrimonial, que se cree dueño, amo y señor. Es rata y siempre busca tener la ventaja. El priista le tiene miedo a la competencia, y tiene una necesidad imperiosa de demostrarte que él tiene el poder."

—*¿Tienes un priista dentro?*

—Sí, pero para ser honesto, el priista que llevo dentro es muy pequeño.

—*Pero lo tienes, lo reconoces.*

—Todos llevamos un priista dentro, sin embargo, considero que lo tengo muy controlado porque soy además, o pretendo ser, alguien muy justo.

—*¿El priista no es justo?*

—No, el priista no es justo, y yo pretendo serlo con criterios muy simples que nos enseñaron nuestros padres, como "trata a los demás como te gusta que te traten". Yo les digo a mis hijos: "Dos veces vas a tener problemas con Manuel Clouthier". Lo saben mis hijos y quien tenga trato conmigo. Tendrás problemas conmigo cuando me quieras poner un pie encima y cuando me quieras ver la cara de pendejo. A los de la Cámara les pregunto: "Con cuál quieres tratar: soy gordo, sibarita, bonachón, y soy un hijo de no sé quién. Escoge". Siempre he sostenido que el carácter de una persona se conoce en la adversidad, pero la calidad de la persona se conoce en el poder.

—*¿Cuándo sale tu priista? ¿Cómo lo descubriste?*

—Porque ya tuve poder. Fui director de un diario en Sinaloa durante 15 años. Eso es poder, y lo supe controlar. Uno de los socios del periódico, don Enrique Murillo Padilla, me dijo en una ocasión: "Manuelito, tú no puedes abusar del periódico usándolo contra otros. ¿Quieres que te diga por qué? Porque el otro no tiene periódico. No es parejo". A mí me gustan los tiros parejos, me gusta el tiro derecho.

—*¿Tu priista abusaba? ¿Tu priista se imponía? ¿Era autoritario?*
—No, el priista que yo tengo que dominar es mi carácter.

—*¿Los priistas contra los que compitió tu papá son diferentes a los que te han tocado a ti?*
—No, es un chip el que traen. Yo le gané al chamaco que competía conmigo por 20 puntos y los hijos de su chingada madre salieron a anunciar que habían ganado, frenaron el conteo del PREP en el INE, les puse una madriza y aun así lo intentaron todo. ¡Eso te describe el chip gandalla, pues!

—*¿Qué se necesita pare derrotar a un priista?*
—¿En una elección?

—*En una elección, en una votación, en un debate. ¿Cuál es el punto débil de los priistas?*
—¡Ah, cabrón! No, es que yo no lo mido así, yo no hago mi estrategia en función del otro, sino en función de mí.

—*¿No tomas en cuenta las debilidades del otro?*
—Yo siempre valido todo. Hago lo que diga una encuesta y con base en eso hago mi estrategia. Soy una persona que hace la tarea; no me dejo ir con el rollo ese de tú eres muy chingón.

—*Los priistas tienen cierto exceso de confianza, ¿no?*

—Le apuestan a su estilo, le apuestan a su sistema y tienen también, diría yo, una forma de conocer tus debilidades. Las detectan todas, es su especialidad. Te avientan de todo: fiesta, negocios, dinero, mujeres, a ver con cuál muerdes.

—*¿Son perversos?*

—Son perversos. Dales dos horas y te detectan todo.

Guadalupe Acosta
Dirigente perredista

Si Castillo Peraza viviera,
habría que pedirle que reformulara la frase.

Guadalupe Acosta Naranjo ha ocupado diversos cargos en el Partido de la Revolución Democrática. Fue su presidente interino y su secretario general después de desempeñarse como secretario de Organización y secretario de Planeación.

Mucho antes de eso fue dirigente cañero y líder de la Universidad Autónoma de Nayarit. Fue diputado local en dos ocasiones (la primera a los 24 años) y candidato a la presidencia municipal de Tepic. También fue subsecretario de Gobierno en Nayarit con el gobernador Antonio Echevarría.

Fue arrestado en 2002 por supuestos delitos electorales, pero fue puesto en libertad por falta de pruebas.

Cuenta Acosta que con él siempre se equivocan. "Que pase la señorita Guadalupe", "Felicito a la secretaria general del partido", "Es turno de la diputada Acosta". Pero él —confiesa— se defiende de manera demagógica: "Es un orgullo para mí que me confundan con una mujer".

—*Háblanos del priista que llevas dentro.*

—Que soy muy apegado a las decisiones de una institución. Las combato, me peleo con ellas, pero cuando toca soy muy disciplinado.

"Yo creo que todos nos criamos en la cultura priista y por lo tanto todos tenemos algún vicio de la sociedad en la que nos hemos desarrollado. Por desgracia, nuestra sociedad está llena de vicios; de falta de tolerancia, de falta de voluntad democrática, falta de transparencia. Estamos hasta el tope de decisiones colegiadas (preferimos las unipersonales). Sin duda yo he de traer varios de esos vicios, aunque es muy difícil que uno se logre identificar porque el espejo de la propia casa no se ve tan claro. No alcanzo a ver si traigo arrugada la corbata o la camisa. No es uno mismo el mejor para hacerse un diagnóstico, uno siempre es complaciente con uno mismo, y hasta de los errores dices los que más te gustan y los que menos te afectan.

"De lo que sí estoy convencido es de que tiene razón Castillo Peraza: todos traemos, producto de nuestro desarrollo en una cultura antidemocrática, autoritaria, vertical, opaca, alguna de estas taras y de estos vicios. Yo a lo mejor traigo algunos hasta reforzados."

—*¿Cuáles son las virtudes del priista?*

—Que son ciudadanos como todos...

—*Ésa es una condición, no una virtud.*

—Pero a veces se olvida porque casi siempre le damos carácter de ciudadano a los opositores. Hay priistas que efectivamente son nacionalistas, son gente que se preocupa por la sociedad.

—*¿Tienen vocación social?*

—Mucha. ¿Quién hizo el Seguro Social? ¿Quién hizo el ISSSTE? ¿Quién hizo nuestro sistema de pensiones con anterioridad, el que ahora están queriendo convertir? ¿Quién hizo el Politécnico? ¿Quién dio autonomía a la Universidad Nacional? Sin duda, ellos han construido gran parte de las instituciones de este país y también son responsables de parte de los gravísimos errores que tiene nuestra sociedad. Pero generalizar es difícil. ¿Puedo hablar de un panista hoy? ¿De un prototipo de panista? Pues no.

—*¿Cómo ha evolucionado el priista?*

—No hay un prototipo. Hay varios priistas y varios panistas y varios perredistas. ¿Es lo mismo Pablo Gómez que René Bejarano? Yo creo que no, bajo ninguna circunstancia. Y de la misma manera pudiera poner ejemplos en cada partido, por lo tanto no hay un solo priista. Así que si Castillo Peraza viviera, habría que pedirle que reformulara la frase y dijera de cuál de todos los priistas traemos algo. En aquel momento a lo mejor nomás había uno, o se vislumbraban menos. Pero a partir de que el PRI perdió la Presidencia de la República se multiplicaron. Salieron a flote los otros PRIS. Y ahora que el PAN pierde la Presidencia de la República, después de 12 años, vuelve a salir la pluralidad. Como nosotros no hemos tenido el poder, siempre hemos tenido pluralidad y somos un santo desgarriate, somos muchas tribus. A ver si el día que ganemos el poder hay más homogeneidad.

—*Dice Jorge Castañeda que no es que todos los mexicanos tengamos un priista dentro, sino que el PRI ha sido muy hábil y ha tomado los rasgos característicos del mexicano para adaptarlos. Ha chupado nuestra identidad, pues.*

—Pero somos un mosaico de mexicanos. No son los mismos los mexicanos de Tierra Caliente que los de Polanco.

—Pero sí hay cosas que tenemos en común.

—No son lo mismo. Y uno de nuestros grandes problemas es justamente que no se tolera al que no es igual que tú, a quien no piensa igual que tú. Por ejemplo, la legislación del DF con respecto a los matrimonios del mismo sexo es imposible en Guanajuato, vaya, ni de chiste. O el divorcio exprés o la legalización de la marihuana. Podemos intentar meter forzosamente en un molde a nuestra sociedad, pero hay que reconocer que tenemos muchos Méxicos.

—Aunque no seas tú el mejor para ver tu propio reflejo, ¿qué más tienes de priista?

—Hijo, mano… ¿Qué será? Nunca me había hecho esa pregunta. Soy disciplinado al partido.

—¿Disciplinado al partido o a los Chuchos?

—Al partido. Los Chuchos hemos perdido muchas veces. Ganó Andrés [Manuel López Obrador] la candidatura presidencial y nos disciplinamos, y ganó Marcelo la candidatura de la jefatura de gobierno y etcétera. No somos disciplinados nomás cuando ganamos. Nacionalista fui. Ya lo abandoné.

—¿Eres autoritario?

—Yo creo que sí, aunque intento no serlo porque tengo influencia para decidir en ciertos espacios. Por ejemplo, en

Nayarit, mi opinión en el partido más allá de si esté bien o esté mal termina siendo la opinión oficial del partido. Yo pudiera alegar que ahí hay mecanismos, pero no sé hasta dónde llega el límite entre uno y otro. Me quedo con algo que me dijo Andrés: que soy ceceachero, más que unipersonal. Igual que con los Chuchos; no hay un Chucho ni hay dos. Somos muchos más. Navarrete influye mucho y no es el Chucho tradicional. Es el único Chucho que ha sido presidente del Senado, yo soy el único Chucho que ha sido presidente de los diputados, cosa que ninguno de los Chuchos tradicionales ha podido ser. Nosotros somos un colectivo. Yo creo que por eso no nos pueden agarrar; somos como los gatos: como nos tiren, caemos de pie. No creo que sea autoritario. Hay gente que me dice que soy blandengue de más.

—*El priista no es blandengue.*
　　—No. El priista es duro, de carácter.

—*Y aguanta vara… El viejo priista es de piel dura.*
　　—Es disciplinado, ésa es su principal característica. A lo mejor por eso sí soy muy priista. No me imagino fuera del PRD, por ejemplo. Eso sí lo tenemos, esa piel dura. Lo hemos aprendido. ¿Dónde nos ha lastimado? Pues en nuestras posibilidades hacia fuera, no hay forma. ¿Se imaginan a un Chucho de candidato a presidente? Ni de chiste. Tenemos que pensar en otras personalidades porque las heridas que traemos en el cuerpo por la lucha interna ya son muchas.

—*¿Querrías ser gobernador, por ejemplo?*
　　—Yo he sido muchas cosas. No he sido gobernador pero he estado en el gobierno en puestos importantes. Cuando yo

era subsecretario de Gobierno, el secretario de Gobierno era de mi equipo, el presidente del Congreso era de mi equipo, el presidente del partido en la capital era de mi equipo, el de Obras Públicas era de mi equipo, el de Educación era de mi equipo. He sido también legislador local y federal. He llegado a ser presidente de la Cámara y he sido secretario general y presidente de mi partido y no hay nada, ningún lugar, desde donde tengas mayor capacidad para ejecutar tus ideas que desde la dirección de un partido político nacional del tamaño del PRD. Tienes mucho más libertad. Puedes plantear las cosas con más sinceridad.

Roy Campos
Encuestador

El PRI representa a todo mexicano.

Roy Campos es el presidente de Consulta-Mitofsky. Es actuario (tenía que ser) y matemático por la UNAM, y maestro en estadística y actuaría. Es conferencista, articulista y opinador en distintos medios. También es autor y colaborador de varios libros y miembro de la Asociación Mundial de Investigadores de Opinión Pública (WAPOR, por sus siglas en inglés), y fue presidente de la Asociación Latinoamericana de Consultores Políticos (Alacop) de 2004 a 2006.

—*¿Todos tenemos un pequeño priista dentro?*
—Yo digo que sí.

—*¿Y cómo se expresa el tuyo?*
—Voy a partir primero de una afirmación complicada. El PRI es el partido mayoritario en México, porque es el que más se asemeja a todos los mexicanos. Si tú ves al PRI, es tolerante con cierta corrupción, pero eficiente; el PRI nunca te promete total honestidad pero promete darte resultados, y no hay mexicano que no sepa de actos de corrupción y no los

denuncie. ¿Alguien que no paga impuestos? Conocemos gente que no paga impuestos. ¿Conocemos a un policía que pide mordidas? Conocemos a un policía que pide mordidas. ¿Conocemos a un empresario que tiene a uno de sus trabajadores fuera del Seguro Social? Lo conocemos. Y toleramos. Entonces este perfil del mexicano tolerante es el que ha hecho que el PRI se mantenga como partido mayoritario. Porque es el que más se parece a los mexicanos. Ésa es mi tesis. El PRI está hecho por mexicanos, y durante tantos años lo que vimos en el PRI es el perfil de los mexicanos. El PRI no se inventó solo, se formó a partir de mexicanos.

—*Tuvieron la habilidad de hacerse lo más parecido, digamos, a un tipo nacional.*

—Sí y no. En realidad, es que no es un asunto que simule y comunique que es. Es injusto decir que el PRI estuvo 70 años en el poder. Si me apuras, el PRI estuvo en el poder 12 años. Antes del 88 no había PRI. Antes del 88 el PRI era gobierno y en el PRI cabían todas las corrientes de México. En el PRI encontrabas al sector empresarial, en el PRI encontrabas al sector eclesiástico, en el PRI encontrabas a la izquierda, a los campesinos, a los sindicatos. Para todo mexicano que quisiera hacer política, la única opción era PRI. No había de otra. A partir del 88 empieza a generarse realmente la oposición. Entonces todo nuevo político tuvo opciones, y por eso digo que el PRI duró 12 años. Y en 12 años lo corrieron. Pero entonces cuando decimos que todos tenemos un priista adentro es porque el PRI representa a todo mexicano, un poquito. Ahora, ¿cómo se manifiesta en mí?

—*Sí...*

—Yo creo que de muchas formas: uno, soy autoritario. Es que hablar del priista que llevo dentro es ponerle etiquetas al PRI. Soy tolerante también, soy tolerante con las faltas de mis amigos. El PRI es tolerante.

—*Las reglas, ¿te ciñes a las reglas?*

—Sí, soy institucional, y además me gustan mucho las reglas. Soy apegado a las reglas.

—*¿Pero qué es lo que más te pintaría como priista?*

—Lo que más me pinta es lo autoritario y también que soy presidencialista. Yo creo que la figura presidencial es un ícono al que debemos de respetar pero no todos los partidos piensan eso. Fox no tenía esa forma de pensar, por ejemplo. No sé si eso es muy de priista o de mexicano.

Jorge Castañeda
Comentócrata

El PRI *no le hizo nada a México.*

Si en algo podemos estar de acuerdo acerca del ex secretario de Relaciones Exteriores, licenciado en economía por la Universidad de Princeton y doctorado en historia económica por la Universidad de París, será en que es un provocador.

Castañeda cimbró a la izquierda de América Latina cuando se publicó *La utopía desarmada*, rechazada absolutamente por el régimen cubano. Luego la escandalizó con *La vida en rojo, una biografía del Che Guevara.*

Castañeda asesoró a Cuauhtémoc Cárdenas y a Vicente Fox en sus campañas presidenciales. Este último lo nombró canciller. Durante su gestión, México participó en el Consejo de Seguridad de las Naciones Unidas y votó contra Cuba en la Comisión de Derechos Humanos de la OEA.

Castañeda fue el precursor de las candidaturas independientes. Quiso lanzarse por esa vía a la Presidencia de la República en 2006. Para ello se amparó ante la justicia mexicana y el caso llegó hasta la Suprema Corte, que confirmó la negativa de las instancias previas. Castañeda denunció el caso ante la Comisión Interamericana de Derechos Humanos, cuyo fallo fue considerado favorable por las dos partes.

En 2014 publicó su autobiografía, *Amarres perros*.

En su departamento de Polanco, Castañeda nos dice que "el PRI no le hizo nada a México". Ni cosas buenas ni cosas malas. "México hizo al PRI." Explica: "El PRI concentra y condensa todo lo que es el alma del heroico pueblo mexicano, o sea, una enorme cantidad de mamadas, y en eso ha habido una sintonía perfecta —pero no de ahora, de 80, 90 años pa'trás—. Pero antes del PRI era más o menos lo mismo porque son rasgos tan mexicanos y que el partido entendió tan bien. Era una especie de match perfecto".

—¿Es correcto el planteamiento de Castillo Peraza?

—Sí, absolutamente. Es un poquito superficial, si quieres, pero en el fondo, si lo trabajas un poquito más y le rascas un poco más, vas a encontrar lo que mucha gente ha encontrado. Detrás de ese aforismo hay algo mucho más interesante: que los mexicanos somos priistas antes de nacer. Antes de que hubiera un PRI, fórmalo en una frase volteriana, habría que haberlo inventado. Es la expresión más perfecta de lo que son una serie de rasgos mexicanos.

—¿Como qué rasgos?

—Les doy dos ejemplos: la aversión al conflicto; el PRI nace para que no haya pedo, para que no se agarren a balazos entre todos, sobre todo después de la muerte de Obregón. La Revolución fue una aberración exagerada. El millón de muertos nunca existió, eso es una mentira clásica de la historia mexicana. El caso es que al mexicano no le gusta el conflicto.

—*Hay una eterna aspiración a la unanimidad…*

—El PRI le da la expresión política a ese tema que es "todos adentro": la izquierda, la derecha, los militares, los obreros, los campesinos, los viejos, los nuevos, los del norte, los del sur, etcétera, todos, pero con una expresión central que es que no hay que pelearse, los pleitos son malos. ¿Qué mejor expresión de ese rasgo mexicanísimo que el PRI, durante 80 años y todavía? Ése es uno.

"El otro es el tema de inventar leyes para quedar bien con la opinión, con la sociedad, con los poderes fácticos, aunque todos sabemos que no se van a cumplir. Esto se remonta a la Conquista, a los primeros virreyes. Todo el mundo sabía perfectamente que lo que se le ocurriera al rey, a la Corona en España, no se iba a cumplir aquí, porque no había cómo cumplir. Y todo el mundo funcionaba muy bien con esto desde entonces. Eso también sale de la Revolución. La Constitución es eso: no la norma sino la aspiración. Y luego vamos a hacer leyes que refuercen todo eso, y luego vamos a tener un gobierno que le diga a la gente cada vez que haya un problema: lo metemos en la Constitución. No se trata de cumplir con la ley, se trata de volverla una aspiración, por un lado, y por el otro, de encontrar maneras de que las cosas funcionen independientemente de las leyes. Eso es el PRI. El PRI es la expresión más perfecta de esta falta total de respeto en México por la ley, pero sin decirlo abiertamente."

—*¿Qué hemos hecho con el PRI?*

—Bueno, hemos mexicanizado al PRI al extremo. Y el PRI nos ha priizado a todos al grado de que hay una simbiosis o ha habido una simbiosis perfecta. La simulación, el engaño, la corrupción, la aversión al conflicto, el incumplimiento de las leyes; en todo eso hay una simbiosis perfecta. El PRI no es distinto a la sociedad mexicana.

—*¿Estamos más cómodos con el PRI? ¿Tú te sientes más cómodo con el PRI?*

—Yo no me siento más cómodo porque, por ejemplo, la aversión al conflicto me es algo totalmente ajeno. No es que la sociedad se sienta más a gusto con el PRI. El PAN se priizó, cosa que sucedió sobre todo con Calderón, pero también un poco con Fox. Si el PAN se parece al PRI, pues la sociedad mexicana no está incómoda. Como el PRD... Básicamente son todos ex priistas. Tampoco hay ningún problema mayúsculo. En todo mundo se reconoce eso perfectamente.

—*Está la frase de Castillo y luego la de Federico Ling, la contraparte. Decía que todos deberíamos tener un priista dentro.*

—Creo que es casi ociosa esa frase porque sí lo tenemos, no deberíamos, pero lo tenemos. Viene en el ADN.

—*En un sentido de disciplina, de orden...*

—Son disciplinados hasta cierto punto. Es decir, lo fueron aunque en distintos momentos sí se enojaban y pataleaban. Pero son más disciplinados que otros por la voluntad del jefe, la sumisión mexicana al jefe.

—*Y resultó que no estaba tan mal, ¿no?*

—Ése ya es un juicio distinto, es decir, si el país está como está y no podía estar mejor, o si el país está como está por culpa de este priismo innato, que no es priismo, es mexicanismo, pos no está mejor.

"Traemos el ADN priista. Naces con él, ya viene incorporado."

—*¿Lo tienes en tu cadena?*
—No, la mía es distinta.

—*Cada quien tiene un priista distinto. Mi priista dentro no es el mismo que el tuyo...*
—Obviamente es una exageración en cuanto a lo individual, pero, sí, por equis motivo hay alguna gente que no lo tiene dentro. Algunos panistas quizá no lo tuvieron, alguna gente más de izquierda quizá no lo tuvo, alguna gente que por equis motivo vivió fuera de México no lo tiene.

—*Si es parte de nuestro ADN y nacemos con él, no importa dónde vayas, no importa que vivas fuera; lo llevas contigo...*
—Algo, pero sí cambia. Los incentivos te cambian.

—*Creo que todos tenemos a nuestro priista dentro, más chiquito o más grandote, pero todos lo traemos. ¿Cómo es el tuyo?*
—No tengo la parte de aversión al conflicto, al contrario. La parte del tema de que hay que hacer leyes para dar atole con el dedo a la gente en el entendido de que no se van a cumplir me parece aberrante. El mejor ejemplo son las Juanitas. ¿Quieren igualdad de género en las listas de los diputados? ¿Qué pasó? Yo creo en la acción afirmativa, pro mujeres, pro lo que tú quieras. Pero si haces una ley así de idiota, ¿qué va a suceder? Pues le van a dar la vuelta. Ese priista es el que yo no tengo.

—*¿Cuál sí tienes?*

—Yo digo que tal vez tengo un poco el priista muy individualista. Tengo esa cosa muy mexicana de que voy a encontrar una solución personal, individual a los problemas o retos que yo tengo y que los demás hagan como puedan.

—*¿El priista es individualista?*

—Como el mexicano… El mexicano es el tipo más individualista que hay en el mundo. A veces amplía el núcleo del individualismo a la familia inmediata, pero es lo más individualista que hay. Éste es un país en el que hace dos años no existía la figura del *class aciton suit*, la acción colectiva. Jurídicamente no existía. Por qué ibamos a tener una ley que nos permite hacer cosas juntos si no queremos hacer nada juntos. El individualismo mexicano es una barbaridad, es una cosa exacerbada. No hay manera de escapar a eso viviendo en México.

—*¿Cómo nos ven en otros países? ¿Nos siguen viendo como priistas?*

—Lo que pasa es que muchos ven lo que has tenido, y lo que ha sucedido es que la mirada más sofisticada de fuera, que venía más de Europa, o de los historiadores en Estados Unidos, o de los antropólogos o de los sociólogos, fue sustituida, desterrada, chance, por los *polemakers*. Priista, no priista… No se meten en discusiones un poco absurdas de si hay un nuevo PRI o no hay un nuevo PRI. Eso para mí es una discusión un poco ociosa. A ellos lo que les interesa son políticas públicas, elecciones, cooperación con Estados Unidos. Se ha perdido un poco la mirada más profunda. ¿Por qué? Por desinterés. ¿Sí nos ven como priistas? Un poco sí. Pero es una cosa muy superficial, yo no le daría mayor importancia.

—*¿El priista tiene una visión estrecha, una visión local, corta?*

—Sí, muy de corto plazo. Muy estrecha, de su interés, muy individualista y llena de simulación que sí es lo más mexicano que hay.

—*Hay rasgos que conservamos todos, no sólo los priistas. Pero el priista se ha ido transformando. No hay un prototipo...*

—No hay un prototipo porque todo el mundo lo es, funciona con todos. Como el culto al rito. Les encanta el rito a los pinches priistas, porque a los mexicanos nos encanta. Todos los días hay un homenaje a alguien en este país: el natalicio, cuando murió, cuando su primera comunión, cuando se recibió de sexto de primaria. Y Fox no pudo romper con eso, en parte porque los priistas no lo dejaban, pero tampoco la pinche comentocracia. Luego llega Calderón, con su solemnidad insufrible que no era estrictamente priista, pero le salía muy natural. ¿De dónde sacó esa cosa priista del rito? Fácil: al priismo le encanta porque al país le encanta.

—*¿Tú crees que el priista tiene una relación especial con el dinero o con el lenguaje?*

—Hay un lenguaje priista pero es muy mexicano, el cantinflismo.

—*Que también tiene que ver con sacarle al conflicto, ¿no?*

—Claro. Eso es priista porque es mexicano. Y por eso el priista encaja tan perfectamente bien con la sociedad mexicana. Se ponen a hablar sin decir nada. Les fascina a todos.

—*¿El priista es cosmopolita? Creemos que no. No viajan, no necesariamente hablan inglés, no conversan con el mundo...*

—Es muy insular, tremendamente insular. Es un país muy extraño en ese sentido, porque si es una economía tan abierta, con 10 u 11% de la población viviendo fuera, en el que una buena parte del país vive de remesas, turismo y narco (que son tres actividades totalmente condicionadas por la relación con el mundo), pues...

—*¿Qué debería decirle a alguien que no tiene idea del* PRI *para que entienda?*

—Yo cambiaría la pregunta. Diría: Para que tú entiendas cómo es un priista te voy a contar cómo somos los mexicanos. Cuando termine de contarte cómo somos los mexicanos, así es el priista. Punto. No hay ninguna diferencia. El priista es igual, pero con una parte más superficial: el dinero. A estos güeyes les gusta mostrar el dinero, es cierto. Más que a otros.

—*¿Prefieren el dinero que el poder?*

—No creo que haga mucha diferencia entre lo uno y lo otro. Pero les gusta que se vea, que se note, que se sienta.

—*¿Qué ideas erróneas tenemos de los priistas?*

—Yo haría una diferencia entre la tecnocracia y los gobiernos del PRI, digamos de los años cuarenta para acá, y la clase política priista (que puede ser panista o de izquierda, porque da exactamente lo mismo...). La tecnocracia es competente, fundamentalmente honesta, bien preparada y bastante presentable en el mundo o en la sociedad mexicana, superior a toda la de América Latina, con excepción de Brasil, quizá de Chile, pero perfectamente competitiva. La clase política mexicana es impresentable; impresentable en Honduras, en Ecuador, donde quieran. La clase política de este país no hizo nada durante 70 años. El suyo era un lugar de desprestigio, de corrupción, de hueva, de inutilidad, etcétera. Pero el PRI lo que supo hacer muy bien es tomar la forma del mexicano y dejarnos sin salida.

—*¿No hay salida?*
—La salida es que en algún momento un número suficiente de mexicanos y sobre todo de poderes fácticos...

—*¿Nos rechacemos?*
—Nos demos cuenta de que eso es muy funcional, muy a tono con el carácter, las costumbres, los ritos y las tradiciones mexicanas, pero es absolutamente devastador para el país.

—*¿La gente que odia al PRI se odia un poco a sí misma? ¿Puede ser?*
—Pues hay un poco de eso.

Javier Sicilia
Poeta y activista

Siempre he tenido un profundo desprecio por el PRI.

Javier Sicilia Zardain es poeta, activista, ensayista, novelista y articulista de *Proceso* y *La Jornada*. También ha escrito guiones de televisión y cine —en 1990 ganó el Ariel al mejor argumento original por *Goitia, un dios para sí mismo*— y fue jefe de redacción de la revista *Poesía*. Es miembro del Sistema Nacional de Creadores desde 1995. Dirigió la revista *Ixtus* y actualmente lo hace con *Conspiratio*.

En 2009 recibió el Premio Nacional de Poesía Aguascalientes, uno de los más importantes de poesía mexicana.

El 28 de marzo de 2011 fue asesinado su hijo Juan, junto con otros seis muchachos, en Temixco, Morelos. Sicilia anunció que abandonaba la poesía y, con otros padres agraviados, organizó la marcha nacional por la paz con justicia y dignidad, de Cuernavaca al Zócalo de la Ciudad de México.

Ha ganado muchísimos reconocimientos por su lucha en materia de derechos humanos, entre los cuales están el Premio Global Exchange People's Choice Award en derechos humanos, el Premio Voz de los Sin Voz, de la Casa Anunciación en El Paso, Texas, y el reconocimiento del ayuntamiento de Los Ángeles por "su labor humanitaria en favor de las víctimas del crimen organizado en México y Estados Unidos". Fue nombrado Persona del Año de *Time* en 2012, como parte de la selección que reconocía a "El manifestante".

—*¿Habías escuchado esta frase: "Todos llevamos un pequeño priista dentro"?*

—La había escuchado; creo que hay un antecedente con Monsiváis, y hablaba del naco que llevamos dentro, en el tono peyorativo de la palabra. Creo que lo decía así: "Todo mexicano trae un naco agazapado adentro". Y de alguna forma impacta. Es una mentalidad contra la idea racista, creo que la definiría como una mentalidad, y ésa es la mentalidad de los priistas. Estos corruptos que usan el poder arbitrariamente, que son incapaces de tener un sentido político de la realidad y de la vida social. Bueno, todo lo que define esta imagen atroz, y creo que el PRI en ese sentido no es un partido, es una cultura de la degradación y de la criminalidad política que permeó todo, a todos los partidos y a una buena parte de la sociedad.

—*Ese naco del que habló Carlos Monsiváis, ¿solamente habita en los priistas?*

—Es una mentalidad que creó el PRI pero ya es parte de todos los partidos, y de una buena parte de la sociedad. Lo que estamos viviendo hoy es parte de esa construcción que destruyó el ámbito político.

—*¿Cómo se enfrenta a ese priista que llevamos dentro?*

—Es muy complicado. Creo que ahorita lo que están haciendo las movilizaciones, la concepción de un espacio público, la negativa de creerle a los partidos, las autonomías, la ética política marcada por muchos movimientos sociales desde el zapatismo, o desde el 68. Pero hablemos de los últimos 20 años, del zapatismo pasando por el Movimiento por la Paz, por el Yo Soy 132 y ahora por las movilizaciones o manifestaciones que ha creado la tragedia y el crimen de Ayotzinapa. Hay una reserva moral política en una parte de la nación y ésa es la forma en la que se está enfrentando, y que viene de la mejor tradición cultural, que es la mejor tradición política.

—*¿Tú llevas algo de priista dentro?*

—No, siempre he tenido un profundo desprecio por el PRI, y he tenido un profundo desprecio por la corrupción, que es lo mismo. Nunca he tenido uno, gracias a Dios, aunque lo sembraron, lo pude matar en mí mismo.

—*¿Cómo lo mataste, Javier?*

—Creo que tengo una buena tradición, una doble tradición que es la evangélica. Me la inculcó mi padre, y la poesía que también me inculcó él. Esas dos cosas siempre van en contra del naco del priista, de aquello que mata la vida, de aquello que desordena el mundo.

”Pero hay esperanza para los mexicanos que quieren enfrentar eso. Lo que estamos viendo, las organizaciones sociales, la capacidad de mantener una recepción política digna, la capacidad de la cultura, de sus poetas, de sus artistas; tenemos todos los elementos para destruir eso que durante tantos años se dejó contaminando la nación como un virus."

—*En estos últimos años, ¿a quién has visto vencer a su naco interno?*
—No a muchos, por desgracia. No conozco a ninguno. Conozco priistas y conozco gente del partido que como personas son grandes tipos, pero han sido contaminados por esa mentalidad y generalmente terminan, cuando están en el poder, hablando como priistas, matando a los hombres inteligentes y libres que había en ellos.

—*Tú has besado a priistas, como un gesto de paz...*
—Nunca he besado a un priista. He besado al ser humano que está detrás de la máscara del PRI. Reconozco que es una máscara. Reconozco que es una degradación, pero que detrás de toda esa degradación, de esa máscara, hay un ser humano, y mis besos iban a esos seres humanos que hay detrás de cualquiera, oscurecidos por la ideología, por la estupidez y por la prepotencia que abunda en el priismo.

Porfirio Muñoz Ledo
Ex presidente del PRD

Del PRI del nacionalismo revolucionario conservo mucho.

Porfirio Alejandro Muñoz Ledo y Lazo de la Vega —sí, tiene nombre de aristócrata— es uno de los políticos más eminentes de México.

La lista de puestos que ha ocupado es gigantesca, mencionaremos sólo algunos: subdirector de Educación Básica y Tecnológica de la SEP, subdirector del IMSS, secretario del Trabajo y Previsión Social, secretario de Educación Pública, presidente nacional del Partido Revolucionario Institucional, consejero cultural en la Embajada de México en Francia, representante permanente de México ante la ONU, embajador de México ante la UNESCO y la Unión Europea, diputado, senador y coordinador de las respectivas fracciones parlamentarias.

Fundó con Cuauhtémoc Cárdenas e Ifigenia Martínez la Corriente Democrática que se convirtió en el Partido de la Revolución Democrática y que presidió después del propio Cárdenas. Renunció en 1999 cuando no consiguió que se le nominara candidato a la Presidencia de la República. Buscó la candidatura para jefe de Gobierno del Distrito Federal en 1997, pero también se la ganó Cárdenas.

Contendió por la Presidencia de la República por el PARM en 2000 y declinó en favor de Vicente Fox. Ha sido incansable su lucha por crear una nueva Constitución.

—*Nosotros pensamos que tenemos un priista dentro o por lo menos algo, un poco de un priista dentro. O que a veces nos manifestamos como priistas. ¿Estamos mal? ¿Es una ocurrencia de Carlos Castillo Peraza?*

—Nada es absolutamente cierto, pero desde luego que es un hallazgo, porque era ingenioso Carlos Castillo Peraza. Lo que en el fondo dice esa frase es que la cultura política mexicana de las últimas generaciones está profundamente impregnada de un concepto del quehacer político, de la vida política en general que proviene de un sistema que duró varios años. Podrías decir que todo ruso tiene un pequeño soviético dentro, porque fue un régimen que se prolongó en el tiempo. Pero hay que hacer varias acotaciones. Por ejemplo, la vida política de Carlos, que es el autor de la frase, se inicia con la existencia de un PRI consolidado. Pero el PRI no siempre fue lo mismo y eso es lo que se olvida. El PRI no siempre fue el PRI.

—*Pero ha conservado algunas características...*

—Algunas sí y otras no. En primer lugar, antes de que existiera el PRI, había un desorden proveniente de la Revolución, porque había hombres en armas, caudillos militares, caciques regionales y el primer PRI. Yo digo que hay un pre PRI.

"Ése no es el PRI al que se refiere Castillo Peraza. Este PRI dura hasta Obregón, y es el PNR, que es una coalición más o menos laxa de jefes políticos y militares, pero que tiene un caudillo por arriba de todos, en un panorama un poco medieval, de feudalización del poder. El siguiente es el PRI de Lázaro Cárdenas. Ya empiezan a adivinarse ciertos rasgos del PRI posterior. Ése era un partido de izquierda, un partido de masas y de Estado, y la prueba es que el ejército era el cuarto sector del PNR. Era, si cabe la palabra que se usa para todo, revolucionario, antiburgués. Él le da forma nacional a la organización campesina, promueve la coordinación de los movimientos obreros, le da vida al movimiento popular y mete al ejército dentro del partido.

"En dado caso, esa forma de acción política no dura mucho tiempo. Las épocas de Ávila Camacho y Alemán son de tránsito. Ávila Camacho baja el tono del discurso político revolucionario e inventa la llamada unidad nacional. Ahí ya puedes empezar a ver algunas señales o signos del PRI posterior, como la cooptación de la burguesía. En esta época de unidad nacional se premia la prudencia, el trabajo, la disciplina y en instancia última el sometimiento, en donde ya se ve un horizonte y tiempo amplio que permite planear una carrera política. Pero el que realmente le da forma al PRI es Ruiz Cortines."

—*Háblanos del PRI que tú presidiste...*

—Era un PRI que venía muy claramente de la escuela de Ruiz Cortines, pero que había tenido ya la impronta de Echeverría, que volvió sobre una política de masas. Hubo muchas concentraciones obreras y campesinas en esa época. Era un PRI muy afinado, donde parecía que todo se podía hacer, siempre y cuando hubiera prudencia, buen juicio, habilidad, sentido de la oportunidad, etcétera. Cualidades políticas generales.

Muñoz Ledo aclara que sólo presidió al PRI durante un año. "Es más —ataja—, mi fotografía no está en la galería. La quitaron, pero varios líderes me han ofrecido que la van a volver a poner, incluyendo a César Camacho."

Sigue: "Ése era un PRI, si no altamente disciplinario, sí con visión de carrera de largo plazo. Lo que le dio el desarrollo estabilizador y el ruizcortinismo al PRI fue la idea de hacer una carrera de largo plazo en donde tú podías ir navegando y pasando de una capa a otra de la política. Tenía sus normas, y hay montones de frases anónimas que se le atribuyen a Ruiz Cortines, que tenían que ver con la manera de hacer política, al estilo del que se mueve no sale en la foto".

—*¿Qué conservas de tu priista interior?*

—¿Yo? Poco.

—*¿Qué conservas?*

—Bueno, depende de cuál. Del PRI del nacionalismo revolucionario conservo mucho, lo tengo que reconocer.

—*¿Qué conservas de ese PRI?*

—Soy muy soberanista. Yo creo que es fundamentalmente lo que conservo. Ese PRI sí privilegiaba lo que entendíamos entonces por interés nacional y por autonomía respecto del exterior. Eso fue lo que se rompió.

—*¿Y qué conservas del priista que fue un año presidente del PRI?*

—Experiencia muy vasta en el trato y en las ambiciones de la gente, pero no lo guardo como una adquisición de mi personalidad, sino como una experiencia vivida. Estar al frente del PRI un año en campaña fue muy interesante: cómo se forman las cámaras de diputados y senadores, cómo se desenvuelve la política en los estados.

—Decías que nada es absolutamente cierto, pero esta frase sobre el priista que llevamos dentro, ¿es más verdadera o es más falsa?
—Es más verdadera porque es una cultura política.

—¿Qué conservamos los demás?
—La transa.

—Que es mucho más vieja que el PRI…
—Sí, claro. Viene de la Colonia, pero ahí se crea un régimen político. Muchos de los vicios y virtudes del sistema político mexicano vienen de entonces, desde luego la corrupción, pero tienen una versión distinta en el PRI. No hay nada importante que haya pasado en México que no tenga un antecedente colonial.

—¿Qué observas en este PRI, en el PRI de hoy…?
—Es difícil diagnosticarlo.

—¿A qué PRI se parece más?
—Ésa es muy buena pregunta. Es algo así como un promedio. El PRI sufrió una sacudida muy fuerte con Miguel de la Madrid. Primero por sus pujos de vanidad y de frivolidad. Pero empieza a cambiar con López Portillo. Para él, el PRI era un aparato político muy bien armado, sobre el cual sentía que tenía un poder gigantesco, pero al que no admiraba, digamos, al que no le tenía respeto intelectual. Era un aparato político

que manejó con mucha libertad. Recuerden que cuando lo eligen como candidato no era militante. Entonces ahí hay un quiebre muy importante.

"Yo sabía que él no había sido miembro del PRI, pero él no sabía que yo no había sido miembro del PRI. En la primera gira, en el autobús a Querétaro, me preguntó: 'Oiga, Porfirio, ¿usted sabe que yo no soy miembro del PRI?' 'Pues claro que lo sé, conozco su biografía.' '¿Y usted?', me preguntó. 'Yo tampoco. Qué curioso, qué imaginación la de Luis [Echeverría], ni el candidato a la Presidencia ni el presidente del PRI son miembros.' Son hechos históricos."

—*¿Pero te sentías priista?*
—¿En qué sentido?

—*¿Te dio identidad?*
—Yo diría que me dio mucho sentido de compañerismo. Lo que me costaba trabajo era que en el PRI la gente está en un lugar que no corresponde necesariamente a su competencia; me costaba trabajo digerir eso. Yo traté de darle de nuevo un empuje ideológico al PRI pero luego salí y me alejé.

"Miguel de la Madrid era muy lejano al PRI. Hasta diría que no le gustaba el partido, que lo consideraba algo instrumental nada más. Y ahí nace otro PRI, el PRI tecnocrático."

—*¿El de hoy es el PRI más frívolo?*
—Puede ser. Éste se parece al PRI tecnocrático. Para el tecnócrata no existen los problemas. Todo lo soportan con índices, con datos y con *focus groups*. El PRI tecnócrata se convirtió en un PRI plutocrático, en el que se perdieron las formas en los

temas de la corrupción pública, como lo estamos viendo todos los días. Aquella famosa frase de Hank: "un político pobre es un pobre político", se ha vuelto una realidad.

—*¿La disciplina priista no es una virtud?*
—No me lo parece, dicha así en abstracto. Toda virtud lleva su defecto. Había disciplina pero también había sumisión. Decía otro político del PRI que hacer política era comer sapos y cagar miel.

—*¿Tú fuiste disciplinado o sumiso?*
—Yo no hice carrera en el PRI, pero en mi vida administrativa fui disciplinado y evité ser sumiso. Por ejemplo, nunca quise ser secretario particular; me parece una función terrible. Yo no era picapiedra.

—*¿El secretario particular es un invento priista?*
—No, no lo había pensado. Puede ser un invento del sistema. Hay en otros sistemas funciones semejantes, como el asesor. Hay jefes de *staff* pero creo que el secretario particular es muy de nuestro sistema.

—*Y tenemos al particular del particular...*
—Hasta eso tenemos.

—*Es muy priista la cosa del séquito, ¿no? Se sienten más o menos importantes en función del tamaño de su equipo...*
—Sin duda, algunos. Es más priista un séquito grande que no tener séquito, pero hay que decir que no todos lo tienen.

"Hay que entender que el PRI no es el sistema, es el instrumento del sistema. El PRI fue constitutivo del sistema llamado presidencialismo, del régimen de partido de Estado. ¿Cuál era carrera de un priista? Pues estaba en el comité de base, en el comité local, era regidor, era presidente municipal, era diputado local. Ésta era la carrera propia de un priista. Hacían la carrera prototípica del político."

—*Pero se podía brincar del partido a la administración pública...*
—Sí, como un puente generalmente, como un premio, sobre todo los que mandaban a las aduanas. Había cruces, indudablemente. Para no ir más lejos, Enrique Peña viene del Estado de México y su gobierno está permeado por el priismo toluco.

—*¿Cómo clasificarías a los priistas?*
—Hay muchos tipos de priistas.

—*¿Como cuáles?*
—Reyes Heroles decía que el PRI no tiene ideólogos, que tiene algunos fraseólogos, pero sobre todo tiene loberos. En una organización de ese tamaño, hay muchas funciones que cumplir...

Paquita la del Barrio
Cantante

Francisca Viveros Barradas, Paquita la del Barrio, es una cantante veracruzana de rancheras que, como dice el lugar común, no necesita presentarse.

Nació en Alto Lucero, Veracruz. Se le conoce como *la Reina del Pueblo* o *la Guerrillera del Bolero*. En sus letras se insulta a los machos. Repite sin cesar una frase que causa furor: "¿Me estás oyendo, inútil?" Es memorable su canción "Rata de dos patas".

—*¿Cree que es cierto que los mexicanos llevamos un priista dentro? ¿Usted lleva uno dentro?*

—No. El mexicano es un ser humano muy fregón. Es trabajador, es sufrido, es querendón. No se anda fijando en tonterías; sólo que quisiéramos que las cosas fueran mejor, pero no se nos da.

—*¿Usted cree que los mexicanos somos corruptos por definición?*

—A veces quieres hablar de todo y no se te deja, ya sabes, le tienes miedo a todo. Y a veces te tienes que cuidar de todo mundo.

—*¿Usted se considera una buena ciudadana?*

—Sí, porque me dedico a mi trabajo. Veo al ser humano como a mí misma. No trato de amolar a la gente. La gente merece un respeto, merece un cariño. Yo con el aplauso me doy por bien pagada.

Alejandro Encinas
Senador izquierdista

Algunos de la oposición llevan un priista
paraestatal por dentro.

Alejandro de Jesús Encinas Rodríguez tiene muchos "ex" en su currículum: fue miembro del Partido de la Revolución Democrática y jefe de Gobierno del Distrito Federal. También es ex candidato a presidir su partido en 2008, una cerrada elección que perdió frente a Jesús Ortega.

Encinas fue diputado en dos ocasiones. La primera llegó como suplente a la muerte de Demetrio Vallejo. La siguiente fue coordinador de la fracción del PRD en la Cámara. En 1993 fue candidato de su ex partido, el PRD, a gobernador del Estado de México.

En el Gobierno del Distrito Federal, durante la administración de Cuauhtémoc Cárdenas, fue secretario del Medio Ambiente. En 2000 perdió la delegación Álvaro Obregón frente al aspirante panista. Con Andrés Manuel López Obrador regresó al Gobierno del Distrito Federal como secretario de Desarrollo Económico y como secretario de Gobierno y subió el último escalón, hasta la misma jefatura de Gobierno, cuando López Obrador renunció para contender por la Presidencia de la República.

Encinas renunció al PRD después de la desaparición de los 43 normalistas de Ayotzinapa. Declaró que al partido lo "han puesto en evidencia los hechos ocurridos en Iguala", mientras que sus dirigentes, agregó, "guardan silencio y apuestan al desgaste y al olvido".

—*¿Dirías que todos llevamos un priista dentro?*

—Sin lugar a dudas. Tantas décadas de predominio de un partido que durante muchos años no solamente fue hegemónico, sino que ejerció una gran influencia sobre la sociedad y la cultura mexicana, anidó muchas de sus prácticas. Yo creo que particularmente el autoritarismo y la visión patrimonialista del Estado y del gobierno, de la cual se derivan los males endémicos de nuestra sociedad. Uno de ellos, que es el más lacerante, es el de la corrupción. El priista que cree que todo se puede arreglar por fuera de la ley, partir de cualquier tipo de entendimiento, desde la mordida hasta la amenaza. La intimidación y la propia corrupción en su más amplia expresión.

"El otro es el de la prepotencia. Pienso que si nosotros analizamos con cuidado muchos de los comportamientos de los mexicanos, en general podemos ver un enorme desprecio hacia quien siente que es inferior a él, y no me refiero solamente a rasgos de discriminación a la comunidad indígena, sino cómo hay desprecio entre los propios sectores populares. Ya no se diga las élites aristocráticas o las clases medias aspiracionistas que tienen un gran desprecio por la prole."

—*¿El priista es un señor feudal?*

—Sí. Creo que uno de los rasgos característicos de los gobiernos del PRI es que asumen que tienen el manejo arbitrario o libre del patrimonio público. Cuando hablo de una visión patrimonialista en el ejercicio del gobierno, hablo de cómo trafican con influencias, de prácticas de corrupción en otorgamiento de licencias, de permisos, de licitaciones de obras, de adquisiciones y también de cómo se hacen negocios al amparo del poder público.

—*Pero eso lo vemos en todos los partidos políticos, ¿no?*

—Sí, pero es un rasgo histórico de cómo se hicieron las grandes fortunas de la clase política posrevolucionaria. Especular con la tierra, por ejemplo. Lo primero que se repartieron los generales posrevolucionarios fueron grandes haciendas y grandes extensiones territoriales.

"No se ha asumido qué tipo de PRI está gobernando en estos momentos el país. Y es un grupo que se vino forjando durante décadas, preparándose para llegar a la Presidencia... Todo mundo habla del Grupo Atlacomulco, formado por Isidro Fabela, y es un hecho real, pero que nunca se ha analizado a detalle. Hay que recordar que el arribo de Isidro Fabela al gobierno del Estado de México es resultado del asesinato del gobernador Zárate Albarrán, y en sustitución de éste, el presidente designa a Isidro Fabela, quien tenía una carrera diplomática. Su llegada empieza a generar una nueva forma de hacer política. Como no cumplía con el requisito de elegibilidad de residencia para poder ser gobernador, dentro del equipo que integra Isidro Fabela nombra como secretario de finanzas a Alfredo del Mazo (el abuelo), quien inicia la primera operación de compra de conciencias en el estado. A billetazos, con recursos públicos, primero compra el voto de los legisladores para garantizar el nombramiento de Isidro Fabela y también el de los presidentes municipales. Más adelante Carlos Hank González consolida este grupo político y la forma de hacer política en el Estado de México: la idea de que "político pobre, pobre político", y aquella de que todo lo que se compre en política resulta barato.

—¿Parte de la crisis que vive la izquierda en nuestro país se debe a ese priista que tienen muy alborotado dentro algunos de sus líderes?

—Sin lugar a dudas se debe al priista paraestatal que muchos de la oposición llevan dentro. En el caso de la crisis de identidad, hay un proceso de descomposición interna. Parte del núcleo dirigente nos hemos planteado combatir a una clase política corrupta, pero otros ya no pretenden destituir a esa clase política, sino que quieren ser parte de ella, asemejarse a ella, comer donde comen ellos, vestirse donde visten ellos, traer el carro que usan ellos, usar la misma marca de zapatos y calcetines que usan ellos. Es ese dirigente aspiracionista, por pequeño que sea, que busca prosperar en su bienestar personal.

—Tú eres de los pocos líderes en la izquierda que no tiene un origen priista.

—Del PRI vienen Cuauhtémoc, Porfirio, Andrés Manuel, Robles Garnica, Leonel Godoy. Rosario Robles no, y fíjense… De la oposición vienen Amalia García, Jesús Ortega, Jesús Zambrano, Pablo Gómez. La mayor parte de los gobernadores que emergen del PRD vienen del PRI: Ángel Aguirre, Ricardo

Monreal, Marcelo Ebrard, y yo digo que Miguel Ángel Mancera, que dice que no, pero ahí tiene su corazoncito.

—*Se llevaba muy bien con el presidente...*
—Tiene una relación muy distinta, en la que creo que no supo diferenciar lo institucional del proyecto político. Yo digo que la segunda posición más importante en la estructura política del país no es el secretario de Gobernación, es el jefe de Gobierno del Distrito Federal. Y lo que habíamos logrado desde el gobierno de Cuauhtémoc —y lo digo sin la idea de confrontar a Miguel Ángel Mancera— hasta Marcelo Ebrard fue diferenciarnos, lo que nos permitió no solamente construir un proyecto distinto al impulsado desde el gobierno federal, sino una plataforma de desarrollo político que nos consolidó como una fuerza nacional.

—*¿Cuál ha sido tu peor error en política?*
—El principal error político que he cometido fue ayudar a que Julio César Godoy rindiera protesta. Es un error, del cual hay que asumir la responsabilidad, sin dobleces y medias tintas. Fue un exceso de confianza, y estoy pagando el costo.

—*¿Es de priista no asumir el costo de sus errores?*
—Es típicamente priista evadir la responsabilidad.

—*¿Cómo es el priista que tú llevas dentro?*
—Yo he combatido la visión autoritaria desde la política. Ha sido un proceso de aprendizaje porque la tentación de imponer una visión en el ejercicio del poder es muy grande.

—*Hay priistas honrados...*

—Sí, es tan alto el ingreso que percibe hoy un legislador o funcionario público que se construyen grandes patrimonios. Pero déjenme hacer un acto de contrición y dar un nombre... Nadie me lo va a creer, pero cuando coincidimos en la junta de Coordinación Política Francisco Rojas, Josefina Vázquez Mota y yo, replanteamos el manejo de los recursos dentro de la Cámara de Diputados. Nunca incurrimos en la práctica del moche.

—*¿A los izquierdistas les sale lo peor del* PRI?

—Le sale lo peor de la condición humana a mucha gente que hace política.

Isabel Miranda de Wallace
Activista

Los mejores políticos con los que he trabajado son los priistas.

María Isabel Miranda de Wallace es pedagoga y, sobre todo, activista. Preside la asociación civil Alto al Secuestro, que fundó después del secuestro y asesinato de su hijo Hugo Alberto Wallace Miranda, en 2005.

Felipe Calderón le dio el Premio Nacional de Derechos Humanos. Forma parte del Comité Especial de Seguimiento y Evaluación de la Estrategia Nacional Antisecuestro y participa en la Agenda Ciudadana con el Observatorio Nacional Ciudadano, de cuyo consejo forma parte.

Miranda fue candidata del Partido Acción Nacional a la jefatura de Gobierno del Distrito Federal y perdió frente a Miguel Ángel Mancera.

—*¿Estás de acuerdo con la frase "todos llevamos un pequeño priista dentro"?*

—Sí, cómo no. Y me suena como muy estructurado, muy rígido, muy pautado. A lo que se debe de decir, o hacer, de acuerdo con los cánones de la política. Yo creo que es resultado de que muchas de las personas adultas hayamos vivido la mayor parte de nuestra vida con gobiernos priistas, con diálogos priistas, con discursos priistas, con las prácticas priistas. Pues no es fácil sacudírtelas de un momento a otro, pese a que no estés de acuerdo con la mayor parte de ellas.

—*¿Como con cuáles no estarías de acuerdo?*
—Con frases hechas como: "Y llegaremos hasta las últimas consecuencias", y nunca hacen nada. Suena a que no va a pasar absolutamente nada y solamente lo que se quedó, se quedó en un discurso. La otra que me indigna y la escuché en una ocasión a un político ya hace muchos años fue: "Al pueblo tortilla y circo, y los tenemos del otro lado", y ésa es la forma en que se llevaba el viejo priismo. Dales circo, maroma, teatro y tortillas y ahí los tienes, bien contentos. Como que no había posibilidades de tener una sociedad pensante, activa. Era así.

—*Si llegara un extraterrestre y te preguntara qué es un priista, ¿qué le dirías?*
—Que es una persona que sabe acomodarse al sistema, que sabe ser ordenado, según lo que le marque su partido. Que es disciplinado a más no poder, siempre dispuesto a acatar la orden superior. De ahí salió lo de "es la hora que usted diga, Señor Presidente", porque el presidente siempre tiene la razón, o el secretario siempre tiene la razón. No hay discusión. Yo diría que un priista es una persona que sabe sacar el mayor provecho posible cuando le toca estar en acción dentro de la política. Aprovechan sus relaciones para hacer negocios, y no es que otros no lo hagan, pero estamos hablando de los priistas.

—*¿Crees que tenemos una clase política exitosa?*

—Sí, como los malos matrimonios: un pueblo jodido y una clase política exitosa entre comillas. Estamos el pueblo de México y el PRI en el gobierno. Al menos por muchos años hemos estado así. Yo creo que ahora viene una revolución en ese sentido. Lo que hace que siga persistiendo este priismo y este contraste es, indudablemente, la labor de los medios de comunicación. Los medios de comunicación son un factor de comparsa en esta política priista.

—*¿Como cuál?*

—En términos generales, todos los medios de comunicación, pero no quiero totalizar. Yo creo que la mayor parte, y sobre todo la tele acompaña al priismo por su economía. Porque ellos dependen de la publicidad que les dé el gobierno y si ellos atacan al gobierno, no tienen manera de subsistir. Entonces cada quien se va acomodando en esta cadena de complicidades, en el pedacito que le toca actuar. Y los rebeldes, los que no nos acomodamos y nadamos contra corriente, recibimos trancazos y cachetadas, pero pataleamos.

—*¿Cómo ha sido su relación con el PRI como empresaria, activista y como política?*

—Mi marido y yo teníamos una empresa de transportes cuando los priistas nos endeudaron hasta las cachas (en 1982). Perdimos nuestro patrimonio y tuvimos que empezar de cero. Ahora sabemos que otros se llevan el dinero, que ahora tienen grandes casas, grandes patrimonios. Tienen fortunas y no sabemos de dónde salen. No obstante, con priistas he podido tener muy buena comunicación, han sido sensibles con nuestra organización [Alto al Secuestro]. Cuando hemos presentado propuestas, nos han apoyado.

—*Tienen oficio…*
—Saben cuando algo le conviene al propio partido y al propio país.

—*¿No te han engañado?*
—No, no, al contrario. Yo creo que, como activista, los mejores políticos con los que he podido trabajar son los priistas. Es gente seria.

—*¿Usted lleva una priista dentro?*
—Indirectamente, todos llevamos un priista dentro. Sin embargo, también aborrecemos ese priista que llevamos dentro, por la parte que no nos gusta. Por ejemplo, la parte que sí me gusta del priista que llevo dentro es la de las instituciones. Creo que los priistas, si algo hicieron, fue crear instituciones en este país, y son tan fuertes que perduraron. Me acuerdo que cuando era niña escuchaba que Adolfo López Mateos decía: "Hay que preservar y fortalecer las instituciones", y yo le preguntaba a mi mamá qué quería decir eso. México requiere de instituciones fuertes y sólidas, con esa parte del priismo me identifico mucho.

—*¿Y cuál es el priista que aborreces?*
—El corrupto.

—*¿Cómo trata el* PRI *a las mujeres?*
—Nada más las tiene para discurso.

Agustín Basave
Presidente del PRD

Lo que tenemos dentro es un mexicano.

Agustín Basave, politólogo por la Universidad de Oxford, ha sido profesor de la Facultad de Ciencias Políticas y Sociales de la UNAM y fundó el Departamento de Ciencia Política del ITESM-CCM.

Fue diputado, miembro del Grupo San Ángel, presidente de la Fundación Colosio (de quien fue gran amigo) y embajador de México en Irlanda. Militó en el Partido Revolucionario Institucional hasta enero de 2002, después de crear el Movimiento Renacentista y la Corriente Renovadora.

Es autor de varios libros, entre ellos *México mestizo, El nacionalismo, Mexicanidad y esquizofrenia* y el más reciente, *La cuarta socialdemocracia.*

Conversamos en su casa, en Coyoacán, una tarde de domingo.

—¿"Todos llevamos un pequeño priista dentro" es sólo una frase efectista o es cierta?

—Es una frase cierta y afortunada. Pero hay que ir detrás de la frase... Yo no creo que el PRI haya inventado la corrupción en México; la corrupción nos viene de mucho más lejos. [En su libro *Mexicanidad esquizofrénica* sostiene que la corrupción nace con la conquista]. Los españoles legislan desde Madrid con una absoluta ignorancia de lo que ocurría en las colonias. Además, el imperio español era centralizador y burocratizante. Por eso surgió la frase que se volvió sacramental: "Acátese, pero no se cumpla". Eran normas que no se podían cumplir, y desde entonces a la fecha, durante cinco siglos, los mexicanos hemos sublimado esa tendencia de poner las leyes muy lejos de la realidad y por lo tanto se hacen muy difíciles de cumplir. Lo que hizo el PRI fue tomar esa tradición mexicanísima de la corrupción, de la simulación, de hacer leyes que no se van a cumplir. Es más, que no están hechas para cumplirse, porque están mal hechas. Hay un mal diseño legislativo en México desde entonces hasta la fecha que no tiene el propósito de aplicar la ley. Se legisla para crear una espada de Damocles sobre la cabeza de aquel que ose desafiar las reglas no escritas, porque cuando la ley está tan lejos de la realidad, esa brecha se llena con códigos de reglas no escritas.

"'Nosotros escribimos una constitución maravillosa para ángeles o dioses', diría Rousseau. Es más fácil, más práctico y más conveniente violar o evadir la ley que cumplirla; es racional corromperse en México. Esto es lo terrible, que el diseño legal e institucional en México están hechos para volver racional la corrupción. Es racional que el mexicano se corrompa. Si te detiene un policía porque te pasaste un alto, tú sabes que tienes dos opciones. La opción A es decirle: 'Pues levánteme la infracción y voy a pagar la multa', y no va a pasar nada."

—*¿La corrupción se ve con naturalidad?*

—Por supuesto, porque después de tantos años ya hay una inercia cultural, el incentivo ahí está. Si te levantan la infracción, vas a pagar 1 000 pesos de multa y vas a perder dos horas en ir al banco, estacionarte, hacer fila y pagar. Si das mordida, vas a pagar una quinta parte de la multa y vas a perder cinco minutos. Y la probabilidad de que alguien los denuncie es cero, impunidad total. En esas condiciones es racional dar la mordida. Es irracional no pagar la mordida y de lo que no nos damos cuenta es de que la suma de racionalidades individuales da como resultado una irracionalidad colectiva, una disfuncionalidad social. Eso es lo que no entendemos los mexicanos, pero en realidad la corrupción en México es el aceite que impide el resquebrajamiento del engranaje social.

—*¿Se equivoca el presidente Peña Nieto cuando afirma que el tema de la corrupción es cultural?*

—Sí, eso no es cierto. Es un tema esencial y originariamente de incentivos perversos por una norma mal hecha o hecha a propósito, porque también hay una intencionalidad política. Si tú haces una ley, un reglamento muy complejo, tienes margen de maniobra para la mordida, para la corrupción. Si lo haces sencillo, simple, tienes menos espacio de maniobra. Y una ley muy difícil de cumplir mantiene al ciudadano en falta, y un ciudadano en falta es un ciudadano controlable. Él lo redujo con la intención de minimizar el problema o ponerlo como algo natural, ineluctable. Pero el mismo mexicano que de este lado de la frontera se pasa los límites de velocidad y tira basura por la ventana del coche, al cruzar la frontera, es el mismo que baja la velocidad, se para en los semáforos y no tira basura. ¿Qué pasó? ¿En cinco segundos, mientras cruzaba la línea divisora, cambió su ADN milenario? Pues no, esa persona está siendo racional de este lado de la frontera y está siendo racional de aquel lado de la frontera. Lo racional aquí es violar o evadir la ley, porque ganas tiempo, ganas ventajas y no tienes riesgo de que te castiguen. De aquel lado lo racional es obedecer la ley, porque el riesgo de que te castiguen es muy alto y por eso te comportas diferente. Así que no es un problema cultural.

—*¿Por qué un ciudadano en falta es un ciudadano controlable?*

—Porque a la hora de que, tú ciudadano, protestes por algo o te pongas al brinco, como decimos en mi tierra, inmediatamente te checan y si tienes cola...

—*Entonces, sólo somos priistas de este lado de la frontera...*

—Lo que tenemos dentro es un mexicano, un pequeño mexicano dentro. Ojo, no hay nada genético. No tiene nada que ver con el ADN. Éste es un problema por ser colonia de España. Nos tocó la fractura identitaria, y ése es otro problema. Los mexicanos tenemos una identidad fracturada desde la conquista.

—*¿Tú crees que el acierto del PRI es que ha sabido leer al mexicano?*

—Sí, y de mala manera. Porque tú puedes leer muy bien al mexicano y puedes decir: "Ya lo leí, ahora voy a cambiarlo para acercarlo a un comportamiento ético, honesto", pero lo leyeron y dijeron: "Mejor que así siga".

—*¿Cómo describirías al típico priista, si es que hay una sola manera, o crees que ya no es posible hablar de un prototipo?*

—No sé ahora. Hace tiempo, cuando era presidente de la Fundación Colosio, hice una encuesta nacional entre priistas, no necesariamente miembros del partido, y salieron cosas muy interesantes. Le llamé "El psicoanálisis del PRI" a esa encuesta, y en aquel entonces (1996) el priista era jacobino, nacionalista, revolucionario; no era amigo de la apertura comercial, era corporativista. Ésos eran los rasgos de ese priista típico, lo cual te demostraba, por ejemplo, que el PRI de Carlos Salinas no arraigó en el imaginario colectivo de la militancia. Ése era un PRI de apertura comercial, de privatización...

—*Y las virtudes del priista, ¿cuáles son?*

—Astucia y sagacidad políticas. El PRI tiene los políticos más astutos y sagaces de México, con mucho.

—*¿Tú por qué decidiste ser priista?*

—Yo no soy un político natural; no tenía una vocación política. Para mí, el político natural es el político que lo trae en la sangre, que es político veinticuatro horas al día, el que se levanta en la mañana, se ve en el espejo y se grilla a sí mismo, el que se grilla a su familia, a su esposa, a sus hijos, el que juega ajedrez con sus mejores amigos, en el sentido político de la palabra. Yo nunca tuve una intención de serlo, pero mientras estudiaba la maestría en Estados Unidos me entró una enfermedad de la que no me he curado desde entonces, el nacionalismo de campanario.

—*¿O sea?*

—No puedo estar fuera de México. Tengo el síndrome del Jamaicón. Aguanto un poco más que él, pero sólo un poco.

—*¿Por qué dejaste de ser priista?*

—A mí muchos me decían que no era priista, que era colosista. Y algo había de eso. Creí en él. Creí que era un hombre honesto y que iba a cambiar las cosas. Y cuando lo mataron empezó a entrarme la decepción y el escepticismo, y finalmente formé dos movimientos disidentes en el PRI: la Corriente Renovadora y el grupo Renacimiento. Propuse que el PRI se refundara como un partido socialdemócrata y me apabullaron. Mi propuesta fue masacrada en la asamblea nacional y supe que no tenía nada que hacer ahí.

—*¿Y qué queda en ti de ese pequeño priista?*

—Lo único que extraño del PRI es el orden, la organización, particularmente cuando lo comparo con el PRD, que es el partido con el que simpatizo ahora. No soy miembro, pero simpatizo con el PRD porque soy socialdemócrata, y siempre he estado buscando un partido así. Morena ya se fue demasiado a la izquierda... Los priistas son disciplinados; llevan la disciplina a un extremo y la convierten en su misión. Cuando me he asomado dentro del PRD, he visto un caos.

—*¿Sigues llevando un priista dentro?*

—Llevo un mexicano dentro, y en ese sentido llevo un pequeño priista dentro. Vuelvo a lo mismo: el PRI tomó la tradición.

—*En ese sentido, todos llevamos un pequeño priista dentro.*

—Todos los mexicanos llevamos un pequeño priista dentro en ese sentido. El PRI sublimó los vicios idiosincrásicos del mexicano y los sistematizó.

Enrique Olvera
Chef

Enrique Olvera estudió en el Culinary Institute of America, en Nueva York. Su restaurante Pujol está situado entre los 50 mejores del mundo, y entre los primeros de Latinoamérica.

El chef es reconocido por su reinterpretación de las recetas populares de la cocina mexicana. Ha publicado tres libros: *La nueva cocina mexicana, UNO* y *En la milpa*. En 2014 Olvera inauguró su primer restaurante internacional en Nueva York, Cosme.

—*¿Tú crees que los mexicanos llevamos un priista dentro?*

—Espero que no sea tan complicado. Yo creo que en México traemos una herencia cultural y una idiosincrasia que tenemos que cambiar. No sé si pertenece a algún partido político o no, pero creo que sí, evidentemente hay cosas que deberíamos de mejorar.

—*Esta expresión surge de la descripción de una conducta, que no solamente tiene que ver con un partido político, sino con una manera de ser.*

—Creo que definitivamente las generaciones pasadas cargaban con una serie de costumbres que deberían ser parte del pasado y no del futuro. Sin embargo, creo que las generaciones nuevas están cada vez más conscientes de esto. Estamos haciendo un cambio importante, no solamente en la forma que trabajamos, sino en la forma en la que convivimos entre nosotros.

—*¿Tú tienes un priista dentro?*

—No creo que esté afiliado necesariamente a un partido político, creo que las cosas en México se han hecho mal en el pasado. Y también en el presente se siguen haciendo mal. Creo que todos los partidos políticos han pecado en algún momento de corrupción, o más que los partidos, las personas que pertenecen a ellos. Y creo que es algo que no se remite solamente a los políticos, sino también a los ciudadanos, a la gente que se estaciona en doble fila, a la gente que no respeta al peatón o al ciclista. A la gente que no paga sus impuestos como debería.

Jorge Soto © *Agencia El Universal*

Una fotografía clásica del priismo es ésta, en la que aparece el ex presidente José López Portillo llorando luego de haber prometido defender el peso "como un perro" y no haberlo conseguido. Años después de la muerte de su esposa, Carmen Romano, López Portillo decidió casarse con la actriz del cine de ficheras Sasha Montenegro.

Pedro Valtierra © *Cuartoscuro*

La segunda es una imagen que fue ampliamente difundida en las revistas de la farándula mexicana. ¿A los presidentes priistas les gustan las actrices? Parece que sí, por lo menos a él y al actual, Enrique Peña Nieto.

Juan Sotelo © *Cuartoscuro*

Hemos tenido presidentes priistas que dicen poseer una presunta y amplia cultura general, pero parece que ninguno con un perfil filosófico digno de Cantinflas. Con guayabera de un blanco profundo, Echeverría se refirió a las relaciones bilaterales entre México y Estados Unidos diciendo: "Ni nos perjudica, ni nos beneficia, sino todo lo contrario".

En el ocaso de su sexenio, Carlos Salinas de Gortari paseaba por el Centro Histórico de la capital del país, acompañado por los aspirantes a sucederlo. El evento
era un agasajo para la prensa. ¿Por cuál se inclinaría el dedo del presidente? ¿Luis
Donaldo Colosio (asesinado), Ernesto Zedillo (quien se quedó con la candidatura) o Manuel Camacho Solís (QEPD)?

Carlos Salinas de Gortari, presidente de México de 1988 a 1994, posó para una
fotografía memorable meses después de dejar su cargo. Iniciaba una huelga de
hambre, en Monterrey, para exigir la libertad de su hermano Raúl, acusado de ser
el autor intelectual del asesinato José Francisco Ruiz Massieu. Más adelante,
se exilió en Irlanda.

Luis Donaldo Colosio fue asesinado en Lomas Taurinas el 23 de marzo de 1994. Desde el de Álvaro Obregón, en México no se había cometido un magnicidio. La explicación oficial fue la del asesino solitario, Mario Aburto Martínez, único responsable del crimen. Colosio escribía y pronunciaba discursos controvertidos al interior del PRI, como aquel del 6 de marzo de 1994 —17 días ante de su asesinato— en el que dijo: "Yo veo a un México con hambre y sed de justicia".

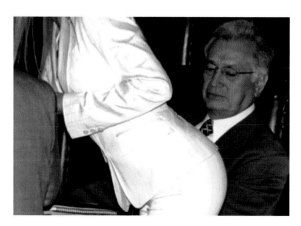

En 1988 el candidato del Frente Democrático a la presidencia, el ex priista Cuauhtémoc Cárdenas, acusó una presunta manipulación en el sistema electoral que benefició a Carlos Salinas de Gortari. Cómo olvidar aquel episodio en el que Manuel Bartlett, secretario de Gobernación en el gobierno de Miguel de la Madrid, fue señalado como responsable de la caída del sistema. Para enero de 2006 el diputado Bartlett fue captado por un fotógrafo mientras observa el trasero de una mujer. ¿Qué pasó ahí?

Es inevitable fijarse en los cambios de *look* de Elba Esther. Nótese que andaba a la moda y cada sexenio llevaba un peinado distinto. La última fotografía, en la que aparece junto a Enrique Peña Nieto, podría llevar el siguiente pie: Todo era risa y diversión hasta que la metieron en prisión.

Marzo de 1995. Humberto Roque Villanueva era diputado federal. Hasta la fecha, el priista perjura que la seña con la que mueve la cadera hacia adelante y los brazos hacia la cadera no es lo que parece. Niega que la "roqueseñal" fuera una celebración por el aumento de 50% al IVA, aprobado por la mayoría priista que él coordinaba, ante la mirada frustrada de la oposición que lo rechazaba. Entonces ¿qué significa esa señal? No lo sabemos, Roque no ha sabido explicarlo.

El empresario Jorge Hank Rhon, hijo del mítico priista Carlos Hank González, la cabeza del Grupo Atlacomulco, se ha distinguido por su excentricidad. Difícil encontrar un adjetivo que describa a un hombre que lo mismo promueve el consumo de tequila macerado con penes de león y otros animales, que aparece en portadas de revistas del corazón abrazado por su difunta esposa y una boa, o que tuvo la ocurrencia de buscar la candidatura a gobernador de Baja California.

Humberto Moreira vivía en el exilio tras ser acusado de provocar la megadeuda de Coahuila, estado que gobernó. Aquello también lo forzó a renunciar a la presidencia nacional del PRI en medio del escándalo. Fue en noviembre de 2013 cuando conocimos esta fotografía de su abdomen, misma que él confirmó como real tras haber estado sometido a duras jornadas de gimnasio. ¿Quién dijo que los priistas no hacen deporte?

Cuauhtémoc Gutiérrez de la Torre, ex dirigente del PRI capitalino, fue acusado y exonerado de los cargos de trata de personas y lenocinio. Un reportaje publicado por Carmen Aristegui lo señalaba como reclutador de jovencitas, quienes le cumplían favores sexuales en los tiempos en que el también conocido *Príncipe de la Basura* fue líder del PRI en la Ciudad de México.

Estas imágenes le dieron la vuelta al mundo. Se trata de un video de Angélica Rivera, esposa del presidente Enrique Peña Nieto, en el cual aclaró cómo y por qué compró la casa blanca en las Lomas de Chapultepec. Mostró documentos que, según ella, acreditaban los recursos con los que pagó la propiedad valuada en 54 millones de pesos (entre ellos su liquidación como actriz de Televisa). La casa fue construida por una empresa que había sido beneficiada en la licitación del tren México-Querétaro, entre otros proyectos, que días después del escándalo fue cancelado por el gobierno. El video fue viralizado y parodiado por varios YouTubers.

Youtube

En las elecciones de 2015 el PRI decidió incluir en su lista de candidatos a diputados federales por la vía plurinominal a la actriz de cine de ficheras Carmen Salinas. En un video publicado en redes por la legisladora, uno de sus asistentes le preguntó si se había quedado dormida en la sesión, cosa que negó, y agregó que si bien aún no tenía propuestas que presentar como iniciativas, le mandaba un recadito a sus críticos. El video termina con esta elegante imagen.

Eduardo Miranda © *Procesofoto*

Éste es Javier Duarte, quien hasta 2016 gobernó uno de los siete estados que gobernaba el PRI y que perdieron en las elecciones de ese año. Manlio Fabio Beltrones, antes de renunciar a la presidencia de ese partido tras semejante derrota electoral, dijo: "Hay que decirlo fuerte y claro, en muchos de los casos los electores dieron un mensaje a políticas equivocadas o a políticos que incurrieron en excesos, que no tuvieron conductas transparentes y que no actuaron de manera responsable".

Luis Estrada
Cineasta

Unos llevan un priista en el corazón;
lo llevan tatuado en el pecho y el alma.

Luis Estrada Rodríguez es director, guionista, escritor y productor de cine. Le dicen *el Perrito* porque es hijo del famoso director José *el Perro* Estrada. Sus filmes más exitosos —*La ley de Herodes, El infierno* y *La dictadura perfecta*— comparten como columna vertebral la crítica feroz al sistema político mexicano. Además han sido censurados por los gobiernos en turno, y Damián Alcázar ha sido el protagonista de todos ellos (y del resto de sus películas).

La ley de Herodes es una comedia sobre la corrupción. *Un mundo maravilloso* es el retrato del gobierno de Vicente Fox. *El infierno* describe el narcotráfico en México. Y *La dictadura perfecta* desnuda la relación entre el gobierno y los medios de comunicación.

Cuando lo entrevistamos, en los estudios Churubusco, estaba por estrenarse la última.

—*¿Has escuchado la frase "todos llevamos un pequeño priista dentro"?*

—No sólo la he escuchado, la he vivido y padecido desde que nací en este país. Seguro la escuché por primera vez de mi padre, que siempre fue muy crítico y muy combativo del sistema. No sé si en algún momento dado yo fui el que de pronto hizo alguna reflexión sobre la forma en la que nos comportamos, sobre la forma en la que nos conducimos en nuestras relaciones profesionales, personales, familiares. Hay siempre este resabio de haber sido producto de un momento y un tiempo histórico en donde creo que la influencia del priato, o del PRI, no era nada más en términos políticos, sino en términos culturales, sociales, económicos y casi me atrevería a decir que también familiares. Sí había una presencia idiosincrásica y cultural de haber sido parte de un sistema porque, quieras o no, si vives en un país en el que la influencia del PRI está en todos los ámbitos, es muy difícil abstraerse de ello.

—*¿Incluso en el cine?*

—Por supuesto, pero como parte de la cultura del país. Yo creo que si algo ha sido relevante de mis películas, buenas o malas, fue haber roto muchos tabúes que estaban como parte de un código muy priista sobre qué se puede decir y qué no, con qué instituciones no te debes de meter y, por supuesto, con qué personajes no te debes meter. Mis últimas cuatro películas han sido como una prueba de que esa cultura priista también se puede, de alguna forma, combatir. A lo largo del priato, los mecanismos de control en términos de la cultura, pero muy en particular sobre el cine, eran propios realmente de una dictadura. Durante muchísimos años en México para poder filmar una película tenías que someterla a la Secretaría de Gobernación, y como un proceso normal al que todo mundo accedía, tú presentabas tu guion y la Segob te decía qué podías, qué tenías que cambiar de tu película si la querías hacer. Pero no solamente era durante el proceso del guion donde te daban, efectivamente, una respuesta oficial diciendo: "En la página 18 hay esta mención a este símbolo o a esta persona" o "Esta escena es muy fuerte en términos de contenidos sexuales. O "Hay demasiadas groserías en la escena", y tú tenías que acatar esas "recomendaciones" por parte de la Segob si querías filmar la película. Pero si te querías pasar de listo, luego tenías que regresar con tu película terminada y volver a someterla a la Segob para que te diera el permiso de exhibirla, y podían editar tu película, y si no tenías un certificado de aprobación, tu película no se exhibía, a menos que lo hicieras clandestinamente. Hay historias del siglo xx, que además yo conocí muy bien, de muchas películas que no se exhibieron, una de las más famosas fue *La sombra del caudillo*. Decidieron que eran películas subversivas o demasiado fuertes por los temas que trataban y no se exhibieron durante mucho tiempo.

—*Eso le pasó a* La ley de Herodes…

—*La ley de Herodes*, en 1999, fue en muchos sentidos una película muy visionaria porque se adelantó a algo que estaba ya como una sensación colectiva de un enorme malestar, de un hartazgo, justamente sobre esa cultura priista. Es decir, es como el huevo y la gallina, no sé qué fue primero. Pero yo me sentía harto, hasta la madre de lo que me había tocado vivir, porque además una generación como la mía no conocía otra cosa, y me atrevo a ser todavía más temerario, no conocemos otra cosa. Si lo que me preguntan es si todos llevamos un priista dentro, creo que los que más notoriamente llevaban un priista dentro fueron los presidentes panistas.

"Me parece que es lo más terrible que le pasó a la expectativa que había en este país sobre una transición, sobre una consolidación democrática. La forma en la que se comportaron Vicente Fox y Felipe Calderón es la prueba fehaciente de que, efectivamente, no todos llevamos un priista, sino que hay unos que lo llevan de corazón, lo llevan tatuado en el pecho y en el alma, y creo que no hay nada más paradójico que hoy sea Vicente Fox el principal promotor del PRI como partido y de Enrique Peña Nieto como presidente. En los dos sexenios del PAN no se trastocó en nada la esencia del sistema político mexicano-priista y es tan así que está de regreso ese partido."

—*¿Cuáles son los tabúes que rompió* La ley de Herodes?

—Resultó visionaria porque presagió que, de una manera o de otra, el PRI iba a salir de Los Pinos. Creo que estaba en el ambiente, pero atreverse a hablar del PRI, por su nombre, que fue la primera película que lo hizo, atreverse a hablar de Miguel Alemán como el fundador del sistema político mexicano, y a hacer un juego de espejos sobre el presente del país después de la gran crisis del 94-95, y la forma en la que impactó por los temas —los magnicidios, el levantamiento de Chiapas, el efecto tequila, el error de diciembre, los escándalos enormes de corrupción de Carlos Salinas y la familia— no era común. Pero también en términos de historias personales por las que todo el mundo se vio afectado. A lo mejor hubo un par de cabrones que se beneficiaron de ese horror, pero creo que sí había esta sensación de decir que este país no daba más, que este país ya había tocado fondo. Mira qué ingenuos éramos en esos años. Nadie pudo imaginar que las cosas se iban a poner tanto peor como se han puesto.

"La reacción que hubo de parte del Estado para tratar de impedir que la película se viera en su momento, además de vergonzosa, fue un escándalo de proporciones globales que permitió que la película pudiera llegar a los espectadores. Pero la intención de que la película no se viera no fue ni siquiera de unas personas, no fue ni siquiera del propio PRI, no fue ni siquiera del presidente de la República, sino del sistema, por un miedo muy estúpido. Luego declararon, de manera abierta, que la película podía tener una influencia para sacarlos de Los Pinos. Cosa que hasta el día de hoy nadie ha podido comprobarme que así haya sido. De hecho, yo lancé un reto y dije: 'Tráiganme una persona que estuviera convencida de votar por el PRI y después de haber visto *La ley de Herodes* descubriera que en este país había corrupción, impunidad, autoritarismo, y que haya cambiado de opinión'. No existe. Porque tampoco el cine tiene esa fuerza."

—*¿Por qué sigue ganando el PRI las elecciones?*
—Tampoco existe una cosa con la que puedas uniformar la conducta política de un país; efectivamente creo que obedece a una suma de particularidades regionales. Nada ejemplifica mejor que la famosa pinta o graffiti de la que ya muchos han hablado: "Que se vayan los pendejos y regresen los rateros", porque también fue tan desastrosa la hipotética transición o alternancia, que fue determinante para que la gente pensara,

con muy mala memoria, que no eran tan malos como pensamos. No eran tan pendejos como pensamos, por lo menos tenían la capacidad de esa paz mafiosa de la que se habló tanto tiempo, que era lo que el PRI había obtenido para contener el fenómeno del crimen organizado y todo ello.

"Soy de los que comparten la idea de que tampoco me ha tocado ver una elección limpia y democrática, como también de manera muy simplista y caricaturesca se refieren a los procesos de cómo se llevan los resultados electorales, pero de que algo de eso hay, sin lugar a dudas lo hay. Ustedes y yo no hemos visto una elección en este país, y me atrevería a decir que casi a cualquier nivel: municipal, estatal, federal, inclusive presidencial, que tú digas limpia, ejemplar. Siempre hay este tufo de chanchullo, de fraude, de transa, de cochupo..."

—*No es exclusivo de los priistas...*

—Ésa es nuestra esencia priista. En México, para rebatir un axioma científico, el camino más fácil para unir dos puntos no es una línea recta, es la transa, el cochupo, la mordida, y creo que está en todas las relaciones, en las instituciones. A diferencia de lo que decía Peña Nieto, que la corrupción ya es un problema cultural, yo creo que más bien se ha vuelto parte no nada más de nuestra cultura, sino de nuestra idiosincrasia, de nuestra manera de entender la realidad. Por supuesto habrá seres impolutos o excepcionales, pero sí valdría la pena lanzar la provocación de que el que esté libre de culpa, que lance la primera piedra.

—*¿Tiene razón el presidente en lo que dijo sobre nosotros y nuestra milenaria relación con la corrupción?*

—Creo que está simplificado, y es ridículo y escandaloso que lo diga él. Parte de su responsabilidad tendría que ser, justamente, combatirla con el ejemplo.

—*¿Cómo ha sido tu relación, como creador, con el PRI?*
—Ha variado mucho con los años. Porque también, y aquí sí hay un matiz importante, y a pesar de que todos pertenezcan al mismo sistema político, que todos obedezcan casi a las mismas reglas de ese sistema, sí ha existido el estilo personal de gobernar, que marcó Reyes Heroles. Ese estilo personal de gobernar le ha dado matices y particularidades a cada uno de los presidentes priistas o de los funcionarios priistas. No es lo mismo Echeverría que López Portillo, que De la Madrid, ni que Salinas, ni que Zedillo, ni que Fox, ni que Calderón, ni que Peña Nieto. Yo, por ejemplo, me declaro haber sido víctima, y es muy autocrítico lo que te voy a decir, víctima pero también beneficiario de la ilusión salinista cuando los primeros cinco años de Salinas. Salinas tuvo una forma tan perversa como inteligente para acercarse a la cultura, a los creadores y muy en particular al cine. Lo primero que hizo fue sacar al cine del ámbito de la Segob y entonces creó el Conaculta, y a través de éste, el cine ya estaba en el ámbito de la cultura. A nosotros los cineastas nos invitaba a Los Pinos a ver películas y hablar de cómo veíamos la situación del cine, de la problemática y de pronto te sentías seducido. Están las famosas fotos de intelectuales famosísimos, los más críticos históricos sentados en el sillón de la sala de Los Pinos tomándose unos whiskillos con Salinas. Por ejemplo, ahí sí hay un gran matiz con la ignorancia obscena de Fox y de Calderón, claro, para no hablar de los famosos tres libros de nuestro actual mandatario.

—¿*Y Zedillo?*

—Con Zedillo fue con el que tuve la peor historia; fue el presidente que quiso censurar *La ley de Herodes*. Como cabeza de ese gobierno, de ese Estado y de ese sistema, de pronto vio una amenaza en la película y cometió los actos más vergonzosos de los que yo tenga memoria. Tuvo una relación un poco extraña con la cultura porque tampoco le interesaba. Zedillo, después del famoso error de diciembre y del efecto tequila y todo, vaya, no tenía dinero para darse esos lujos de decir: "Este año vamos a producir tantas películas". Ya casi al final del sexenio trató de enmendar la plana porque el cine nacional tocó fondo. En términos de cantidad de producción y de apoyos por parte del Estado, no ha habido, ni siquiera en los sexenios panistas, un momento tan crítico para el cine y la cultura como el sexenio de Zedillo. Yo creo que a muchos de ellos [presidentes del sexenio zedillista a la fecha] no les gusta, en el caso concreto de mis películas, lo que hago, para cada uno han sido una molestia, una piedrita en el zapato. Fue muy insólita la forma en la que Calderón se expresó de *El infierno* en una entrevista con Denise Maerker. Le preguntó si había visto la película y primero le dijo que no, que no la había visto —una mentira—. Como si la realidad no fuera suficiente para sepultar sus discursos esquizofrénicos y optimistas.

—¿*En algún momento te provocó miedo el* PRI?

—Terror, pánico. Cuando ocurrió lo de *La ley de Herodes*, fue tan fuerte su reacción, se atrevieron a hacer cosas tan vergonzosas como tratar de sobornarme, como amenazarme, como estrenar la película con copias piratas, como tratar de destruirla. Lo que me pasó con esa película es un poco como lo que me está pasando con *La dictadura perfecta*. Es que precisamente la experiencia de lo que provocó la película se volvió una continuidad de la misma, o sea, en *La ley de Herodes* hice una película sobre el poder, la corrupción, la impunidad y el autoritarismo, y la experiencia después resultó en una experiencia sobre mi relación con el poder. Y en el caso de *La dictadura perfecta* sobre el poder de los medios, sobre la manipulación que tienen sobre la sociedad y sobre su relación perversa para proteger mutuamente sus intereses, de la televisión y de los medios de comunicación y que ellos hayan decidido ignorar.

—*¿Tú llevas un priista dentro?*

—Espero que no… Creo que no llevo un priista dentro. Que puedo tener algún tipo de rasgo, de manera de pensar, de cómo reaccionar frente a situaciones con una influencia priista, sin lugar a dudas, pero como creo que lo tiene una gran mayoría de la población.

—*¿Cómo enfrentas la autocensura?*

—Decidí dejarla guardada desde hace mucho tiempo por encabronamiento. No creo nunca haber llegado a ser irresponsable o irreflexivo, como mucha gente lo piensa. Como mucha gente lo pensó en el momento de *La ley de Herodes*, como mucha gente lo piensa aún con *La dictadura perfecta*. Porque así como *La ley de Herodes* fue la primera película que habló del PRI por su nombre y lo describió en los términos que la película lo describe, *La dictadura perfecta* es la primera película en la historia del cine mexicano que hace una caricatura, una sátira, una parodia sobre un presidente en funciones, y no de manera muy elogiosa. El poder priista o de cualquier otro tipo ya no puede operar con la misma impunidad con la que operaban en aquellos años en los que sí corría riesgo tu vida por criticar o hablar mal de un personaje o de una institución. Yo decidí cruzar esa línea para combatir mi autocensura por muchas razones, pero una en particular: me hice padre, y como padre me empezó a preocupar mucho el país que les iba a dejar a mis hijos. Creo que si alguna importancia han tenido mis películas, ha sido ésa.

Manuel Bartlett
Senador

El PRI *es de derecha.*

Les presentamos aquí, muy apretada, la trayectoria política de Manuel Bartlett, quien fue dos veces secretario de Estado: de Gobernación, en el sexenio de Miguel de la Madrid, y de Educación Pública, con Carlos Salinas de Gortari.

El ex gobernador de Puebla ha repetido como senador de la República, una vez por el PRI, y la actual, por el Partido del Trabajo, cuyo grupo parlamentario coordina. También fue dos veces precandidato a la Presidencia de la República.

En los sesenta Bartlett fue secretario auxiliar de Javier Rojo Gómez, secretario general de la CNC, secretario auxiliar del Comité Ejecutivo Nacional del PRI y asesor del secretario general de la CNOP. Después se le nombró director general de Gobierno de la Secretaría de Gobernación y secretario de la Comisión Federal Electoral.

En los ochenta se desempeñó como coordinador general de la campaña presidencial de Miguel de la Madrid y fue elegido por el Consejo Político Nacional como secretario general del Comité Ejecutivo Nacional del PRI. En esos años fue secretario de Gobernación, periodo que concluyó con el infame episodio conocido como "la caída del sistema" en las elecciones de 1988. Ese episodio, lo sabe, lo perseguirá por siempre.

Hablamos con Manuel Bartlett del Pacto por México. En ese contexto, opina que no hay partido tan a la derecha como el PRI.

—¿*El pacto fue posible porque todos llevamos un pequeño priista dentro?*

—Vamos a ver a qué se refiere. Según lo que yo entiendo de esa frase, que parece una broma coloquial o una definición cultural de los mexicanos, cuando se dice esto, se habla más bien del comportamiento disciplinado de esas maquinarias que operan así. El presidencialismo es la cumbre de todo lo demás. Eso sería, yo pienso, el significado del priista que llevamos todos dentro, que tiene que ver con la cultura de este tipo de comportamiento, o la cultura política. Pero el asunto, más allá, nos tiene que llevar a la definición del PRI, porque si llevas un priista, pues bueno, llevas ese priista que se va desarrollando...

"Pero el PRI desde Salinas y en adelante, con Zedillo y bajo la asociación con los gobiernos panistas y hoy con Peña Nieto, eso no es el PRI, eso es un partido neoliberal, conservador, totalmente apartado de sus principios. Puedes decir que ese priismo es otra cosa. El PRI cambió a partir de Salinas. Cuando se enchufa en el neoliberalismo abiertamente y firma el Tratado de Libre Comercio con el PAN."

—*¿Sabe que la frase es de Carlos Castillo Peraza?*
—¡Ah! Claro. Es desde entonces, fíjate…

—*Y Felipe Calderón la repite cuando era candidato presidencial.*
—Interprétalo. Ya no me acordaba quién la dijo. Castillo Peraza vivía en otra época del priismo; precisamente la evolución del PAN y del PRI es a partir de entonces. Como es importante definir al PRI, para no decir que todos somos priistas ahora. No es cierto, el giro que le da Salinas al PRI, impuesto desde arriba, hace que deje de ser ese partido con compromiso social, con un compromiso nacionalista. Toda la esencia del partido, del seguro social, la educación pública como eje central, los sindicatos vinculados, todo eso se rompe, ya no existe.

—*Eso era funcional, pero hay que actualizarse también en política, ¿no?*
—Por supuesto, la política obliga a una actualización constante. Tú no puedes estar totalmente congelado, pero no puedes cambiar para un lado o para otro. En la globalización, en este cambio que se da y en el crecimiento del dominio de las grandes empresas de la economía global que se impone a las nacionales, por ejemplo, todos han tenido que cambiar y ajustarse, pero una cosa es un ajuste dentro de tu propia línea y otra cosa es un cambio de línea.

—*¿Usted sigue teniendo un priista dentro, don Manuel?*
—En ese sentido, en el sentido de lo que es el PRI nacionalista, que defendimos toda la vida, claro que sí. Sigo pensando en eso. Yo no creo en esta asociación del PRI y el PAN, en esta

alianza, o pacto. Salinas llega a la Presidencia con el apoyo del PAN; con la caída del sistema y todas estas historias, quien realmente apoya en la calificación de la elección de Salinas es el PAN. El PAN no vota en contra de Salinas en el Colegio Electoral. El PAN apoya a Salinas y entonces se da esa alianza que sigue hoy gobernando México, la alianza del PRIAN famoso. Ese giro y esa amalgama te demuestran que el PRI es de derecha. Entonces, si me dices a mí que si estoy de acuerdo con el giro a la derecha del PRI, desde luego que no. El PRI siempre fue un partido de centroizquierda, con sus asegunes y sus tradiciones y sus ademanes, pero ese giro lo coloca en la derecha-derecha.

Daniel González Marín
Especialista en cine

En las películas, nadie menciona al PRI por su nombre.

Doctor en ciencias políticas y sociales con especialidad en estudios cinematográficos, Daniel González Marín ha impartido cátedra en la Universidad Autónoma de México, el Instituto Tecnológico y de Estudios Superiores de Monterrey y la Universidad del Claustro de Sor Juana.

Su campo de especialización son los estudios cinematográficos. Ha publicado capítulos especializados en libros colectivos y también ensayos editados por el Instituto Mexicano de Cinematografía y la Cineteca Nacional.

—*¿Existe una relación entre el cine mexicano y el PRI?*

—Claro. El cine mexicano tiene un pecado venial, diría yo, porque prácticamente desde sus orígenes tuvo una cantidad de regulaciones por parte del Estado que fueron una marca. El primer reglamento que se emitió para controlar a las exhibidoras cinematográficas se dio en el gobierno de Victoriano Huerta, que fue la primera regulación en términos de cine mexicano. Luego, Venustiano Carranza emitió un decreto para controlar el cine extranjero que se exhibía en México, sobre todo para contrarrestar una campaña difamatoria que emprendieron muchas compañías petroleras norteamericanas para desprestigiar al gobierno mexicano y a México. Carranza, frente a ello, emitió un reglamento en el que controlaba el número de películas norteamericanas que se exhibían en México. Sucesivamente toda la regulación para producir, distribuir y exhibir cine en México surgía, fundamentalmente, del Estado. De hecho, incluso la gran época del cine mexicano fue posible por la inversión y los recursos que destinaba el Estado para esta industria del entretenimiento. Entonces, la mano del Estado en la producción cinematográfica ha estado prácticamente desde los orígenes y creo yo que su punto culminante fue en la década de los setenta, cuando, después de la matanza de los estudiantes en Tlatelolco, Echeverría cooptó la industria cinematográfica mexicana y creó una serie de compañías productoras que incentivaron el llamado "cine de calidad".

"Hubo todo un andamiaje que construyó el Estado para que los nuevos cineastas hicieran películas de calidad, pero en los países comunistas se dio este modelo controlador donde el Estado producía, distribuía y exhibía películas porque tenía ciertas salas. Lázaro Cárdenas es el primero que emite un decreto en donde se garantiza un porcentaje de tiempo de pantalla de las películas mexicanas para darle una garantía al cine mexicano. La mano del Estado ahí se ha encontrado en términos de producción y en términos de industria y en términos de economía hasta muy entrados los noventa. Carlos Salinas se dedicó a desmontar todo aquello. La gran pregunta es: ¿Qué implicaciones tiene ese control del Estado en términos temáticos, en términos ideológicos? Fue un Estado extremadamente preocupado por la censura, a tal grado que en lo que se dio un cine político mexicano fue un cine siempre marginal, al menos en el caso de la ficción."

—*¿Encuentras en* La sombra del caudillo *un antes y después en la relación entre el cine mexicano y el poder?*

—Claro, sobre todo porque en *La sombra del caudillo* sí se muestra de manera explícita una lucha por el poder entre fracciones, y de lo que habla la película es del proceso de sucesión en donde hay varios personajes que aspiran, que quieren tener la candidatura para aspirar, y Martín Luis Guzmán los retrata impecablemente. Y Julio Bracho es uno de los mejores directores del cine mexicano, pero la película estuvo enlatada. ¿Qué mejor ejemplo de esto? Una película hecha; no fue una película independiente, no fue una película marginal, fue una película hecha con estrellas; fue una película hecha por un director de gran prestigio en el cine mexicano, con todo un cuidado técnico que no llegó a exhibirse en pantallas hasta 20 años después. ¿Por qué? Porque la película hablaba explícitamente de usos y costumbres del partido en el poder y de los tejemanejes...

—*¿Por qué controlar al cine desde el poder?*

—Pues mira, yo creo que hay varias hipótesis, una de ellas es que era el principal medio de entretenimiento de amplios sectores de la población. La gente iba al cine porque no había televisión. Había teatro, había carpas. Cantinflas viene de las carpas, es decir, viene de un tipo de espectáculo muy confrontante con el poder. Cantinflas en sus orígenes hacía un humor abiertamente político y se burlaba de las figuras de autoridad. Cuando llegó al cine lo dulcificaron. El Cantinflas de cine es un Cantinflas *light* con respecto a lo que hacía en el teatro de variedades que era abiertamente político. Aunque *Ahí está el detalle* es una película que revela con una enorme maestría y con una enorme agudeza el habla de la clase política. Y que no se nos olvide, Mario Moreno fue diputado del PRI, estuvo muy cercano al PRI, fue un promotor del PRI.

—*La época de oro...*

—En la época de oro el Estado incorpora como parte de su agenda la mexicanidad porque la Revolución también generó un rostro para las clases populares, los soldados revolucionarios, las adelitas, es decir, también generó un imaginario sobre lo mexicano. La Revolución le dio cabida en el espacio público a una enorme cantidad de grupos y de clases que habían sido excluidas durante el Porfiriato: a los liberales, a las clases trabajadoras, a los obreros de Río Blanco. Una serie de actores que durante el Porfiriato no habían tenido esa visibilidad política la tuvieron después de la Revolución. Entonces podemos hablar de Pedro Infante, de Dolores del Río, María Félix, Emilio Fernández. *Que viva México*, por ejemplo, esta película de Serguéi Eisenstein forma parte de una época previa a la época dorada de cine mexicano porque realmente la gran época del cine dorado fue a partir de la década de los treinta. *Que viva México* funda una manera de ver lo mexicano, con estos cielos llenos de nubes, estos rostros mestizos, la presencia del indígena.

—*¿En la época de oro se toca lo político? ¿Hubo alguna referencia de corrupción, enriquecimiento, abuso?*

—Fue un cine muy servil con respecto al poder, porque incluso cuando se denunciaba, por ejemplo, como en *Río Escondido*, la película de Emilio Fernández donde María Félix hace el papel de una maestra inspirada por el ideal vasconcelista de llevar las luces a los lugares más apartados de este pobre país, era caricaturesco. Al final terminaban reafirmándose las buenas intenciones del Estado. Había ese mensaje ambiguo en donde sí podía haber presencias de figuras autoritarias, caciquiles, pero siempre de alguna manera triunfaba el bien.

—*¿Hay una referencia directa al* PRI *en el cine mexicano?*

—Está el caso de una película fascinante que se llama *El brazo fuerte*, que es de 1958, es de la fase de transición entre el final de la época de oro del cine mexicano y el comienzo de una nueva fase. Jamás se pudo ver en las salas comerciales, tuvo una distribución completamente marginal.

—*De 1958 a 1999, cuando liberan* La ley de Herodes, *que también estuvo enlatada...*

—Y que tampoco habla tan directamente...

—*¿No habla directamente del* PRI*?*

—Los políticos, como ocurre en *La dictadura perfecta*, tienen nombres cambiados; tú sabes quiénes son, pero no hay ahí... es decir, el personaje de *La dictadura perfecta* no se llama Enrique Peña Nieto...

—Pero no hace falta…

—La pregunta es ¿por qué no hacerlo? Por ejemplo, en *La reina*, la película inglesa de Stephen Frears, va Tony Blair, se llama Tony Blair, la reina es la reina, Lady Di es Lady Di. ¿Por qué tendríamos que cambiarles los nombres? Y es que sí hay una razón, es la censura, es el Estado mexicano. Finalmente es una farsa, pero el señor que es Enrique Peña Nieto, que está muy claro que lo es, ¿por qué no se llama Enrique Peña Nieto? ¿Por qué no le llamamos Televisa a Televisa? ¿Por qué no le llamamos PRI al PRI? Al estreno de *Rojo amanecer* acudió el presidente de la República. Ésa es una ruptura mucho más contundente que *La ley de Herodes*.

—¿Cómo es la relación PRI-cine mexicano?

—El Estado estuvo tan metido en la industria cinematográfica, tan metido en términos estrictamente industriales y económicos, que de alguna manera fue la garantía de que hubiera una industria, una seña de identidad, porque fue la industria más importante de toda América Latina. ¿Cómo no le iba a interesar a un Estado autoritario y vertical controlar esos contenidos?

—¿Cómo es el pequeño priista que llevas dentro?

—Quisiera pensar que no hay un priista en mí. Sin embargo, aceptando el experimento, tal vez la parte priista (y espero que la única) más despreciable en mí es la aceptación de ciertos simulacros democráticos que ese partido nos ha propinado. Jugamos a que hay democracia, reconocemos prácticas como inaceptables, terminamos enredados en un habla retórica y, sin embargo, preferimos ser indiferentes y seguir la marcha. Nada más priista que simular que actuamos y atendemos, cuando lo cierto es que fingimos demencia.

Roger Bartra
Antropólogo, sociólogo y académico

*No creo que haya un inconsciente priista
en la cabeza de cada mexicano.*

Roger Bartra es, sin duda, uno de los más reputados intelectuales mexicanos. Su trabajo ha sido reconocido en todo el mundo. De hecho, es el investigador social mexicano más traducido al inglés.

Bartra es hijo de los escritores catalanes Agustí Bartra y Anna Murià, exiliados en México tras la Guerra Civil española. Es doctor en sociología por la Sorbona. Es miembro del Instituto de Investigaciones Sociales de la UNAM desde 1971.

El investigador emérito, quien dirigió algunos años la revista cultural *La Jornada Semanal*, fue elegido miembro de la Academia Mexicana de la Lengua en 2012.

Fango sobre la democracia y *La fractura mexicana* son considerados libros indispensables para entender la transición a la democracia. Su obra más conocida es *La jaula de la melancolía*, un clásico sobre nuestra identidad.

—Ha recibido decenas de premios y distinciones, por ejemplo, el Premio Universidad Nacional, el nombramiento como investigador emérito del Instituto de Investigaciones Sociales, el Premio Nacional de Ciencias y Artes en Historia, Ciencias Sociales y Filosofía.

—*¿Tiene fondo eso de que "todos llevamos un pequeño priista dentro"?*
—Es una buena frase. Yo diría que es buena en la medida en que refleja la presencia en México, así la entiendo yo, de una cultura priista profundamente enraizada y extendida. No creo que haya un inconsciente priista en la cabeza de cada mexicano. Creo que es un fenómeno de cultura política. Yo haría un paralelismo con el pensamiento de Perón. El peronismo en Argentina es también una cultura política muy extendida y muy enraizada y se podría decir que cada argentino tiene un "peroncito" en la cabeza.

"Existe una cultura política priista que se ha cocinado durante decenios y que ha impregnado las prácticas políticas de la sociedad mexicana y de muchos estratos de la población. En ese sentido estamos, más allá de un fenómeno ideológico, ante un fenómeno cultural. No psicológico pero sí cultural. La cultura es algo que nos envuelve, que nos rodea, que nos empapa, que nos inunda, y hay efectivamente una cultura priista que uno puede observar, desde luego, en los políticos. Cualquier tendencia ideológica tiene algo que uno reconoce como parte de la cultura priista."

—*¿En qué la observa usted?*
—Es un poco difícil de decir, por eso me gusta la frase de Castillo Peraza. Es algo que está oculto; yo lo observo en tér-

minos generales como la enorme influencia del nacionalismo revolucionario. Es una cultura, también es una ideología, desde luego, pero es también una práctica cultural cotidiana muy compleja y muy ramificada y que tiene muchos años de desarrollarse.

"Yo creo que esa cultura, y por lo tanto ese pequeño priista que tienen los mexicanos dentro de la cabeza, está en crisis. Desde hace bastante tiempo esa cultura priista, ese nacionalismo revolucionario entró en crisis. Pero el que esté en crisis no quiere decir que haya desaparecido ni que vaya a desaparecer completamente, pero sí que han aparecido serias fisuras en lo que es esa cultura priista tradicional, y eso se ha hecho evidente con la reforma energética, en la cual los priistas tienen la hegemonía y, de hecho, han tirado por la borda el tradicional nacionalismo revolucionario de raíz cardenista.

"Eso es a nivel más de la política. Yo diría que en esa cultura también hay una tradición: la corrupción, en todos los sentidos, no solamente directamente del robo, sino la corrupción misma de la política, la corrupción del quehacer político, la corrupción de la élite política como oficio. No solamente el predominio de la hipocresía. Es muy difícil concebir un político que no sea en alguna medida hipócrita, es decir, que oculte sus intenciones, que manipule. Pero hay grados de hipocresía y yo creo que en México se ha llegado a grados intolerables, a tal punto que hay una respuesta de esta cultura priista que es el discurso vacío. Es una especie de cantinflismo, hablar mucho y no decir. Pero esta tendencia del discurso de los políticos, que no se les entienda nada, esa especie de humo, de niebla, eso está ligado a estos vicios muy propios de la cultura política mexicana incubada por el PRI."

—*Pero no es exclusiva de los políticos.*

—No, claro que no. Los políticos viven en una esfera que no está aislada de la sociedad, está por encima de la sociedad. Tienen poder, manipulan el poder, pero responden a tendencias reales. Eso no quiere decir que toda la población mexicana vive sumergida en la cultura priista. En ese sentido, la ocurrencia sobre el priista que llevamos dentro es exagerada, pero bueno, es una metáfora. No todos los mexicanos tienen un priista dentro. Es posible que ni siquiera la mayoría. Puede ser que no pasen de 50%, no lo sé. Pero es un número suficientemente elevado como para teñir la cultura política mexicana con esas características.

—*¿Coincide en que el* PRI *ha tenido la habilidad de tomar los rasgos más característicos de la cultura del mexicano?*

—Yo no creo que exista un carácter nacional mexicano. En *La jaula de la melancolía* critico esta idea. Los psicólogos que se han dedicado a estudiar esto han perdido miserablemente el tiempo. No han encontrado ningún carácter nacional unificado de los mexicanos y por lo tanto no hay una cultura priista, digamos, que sea más o menos fiel reflejo de una conciencia nacional, de una identidad nacional. Pero tampoco es cierto que las instancias gubernamentales hayan creado esta cultura política nacionalista revolucionaria simplemente como un instrumento. Es un problema bastante más complejo. Para empezar, le llamamos cultura priista, pero yo creo que hay que reconocer que el PRI no existió como un verdadero partido hasta muy recientemente, básicamente hasta que fue derrotado, y sobrevivió gracias a que se convirtió en un partido político, pero anteriormente en realidad era el brazo electoral instrumental de una élite política, de una burocracia política que cambiaba sexenalmente y que estaba alojada principalmente en las instancias gubernamentales. El PRI era un brazo electoral, relativamente marginal, comparado con el poder de la Secretaría de Gobernación, que era donde realmente se controlaba ese brazo electoral. Pero le llamamos cultura priista; yo prefiero posiblemente llamarla cultura nacionalista revolucionaria porque sí es un proceso complicado de relación entre élites políticas y masas manipuladas por esas élites políticas que las apoyan y que con el tiempo, después de la Revolución mexicana y sobre todo a partir de la presidencia de Calles y de manera fundamental en la de Cárdenas, acaba cuajando en esta cultura política que yo he definido irónicamente como el *canon del ajolote*, porque es una cultura anfibia, es una cultura que no está ni del todo sumergida ni va por la superficie, porque es incapaz de metamorfosearse. Así que no creo que haya una cultura priista que emana del alma del mexicano porque no creo que exista ningún alma del mexicano.

—*¿Tampoco cree que podamos hablar del priista?*
—No. Es una metáfora. Suponiendo que hay ese pequeño priista insertado en la conciencia de los mexicanos, ese priista está en crisis. Está dividido, está fragmentado. Revela una fragmentación de la cultura política mexicana, y esa fragmentación ha producido crisis muy fuertes de tipo político y de tipo cultural. La idea misma de una identidad nacional unificada, por ejemplo, se vino abajo no solamente con la inauguración del Tratado de Libre Comercio con Canadá y Estados Unidos, sino al mismo tiempo con la insurgencia indígena en

Chiapas, que demostró que no había tal unidad cultural. Que estaban los indígenas que habían sido apropiados por esta cultura hegemónica para ponerlos principalmente en los museos, en los libros de texto, pero los indígenas de verdad no se parecían en lo más mínimo a ese estereotipo del carácter nacional. Y allí acabó de desmoronarse o entró en un declive definitivo el tema de la identidad nacional. Se fragmentó, cada vez fue más claro que nuestra cultura es múltiple, es muy plural, es muy compleja y que no se puede unificar.

Ricardo Monreal
Delegado de Cuauhtémoc

Me formé en el PRI; *espero nunca regresar a él.*

Ricardo Monreal, originario de Fresnillo, Zacatecas, comenzó su carrera política como regidor y secretario del ayuntamiento. Tiene una larga trayectoria legislativa: ha sido diputado federal en tres legislaturas y senador.

Fue gobernador de su estado. Pertenece al Movimiento de Regeneración Nacional. Antes fue coordinador del grupo parlamentario del Partido del Trabajo en el Senado y coordinador del grupo parlamentario de Movimiento Ciudadano y de Morena en la Cámara de Diputados.

Fue el jefe de campaña de Andrés Manuel López Obrador, candidato de la Coalición Movimiento Progresista a la Presidencia de la República, en 2012. Ahora es delegado en Cuauhtémoc y ha declarado que será candidato al Gobierno del Distrito Federal en las próximas elecciones.

—¿*Qué piensas de esta frase: "Todos llevamos un priista dentro"?*

—Desde el punto de vista sociológico, podría ser, ¿no? Me refiero a la formación. Yo fui del PRI, quizá por eso a mí no me correspondería asimilar o negar esta frase, porque milité en el PRI hasta 1997. Renuncié al PRI hace 17 años, y en el sentido sociológico, ésa es una frase que muchos han usado. Por la formación, por la disciplina, por la actitud, por la simulación política, por la hipocresía política o por lo que se quiera, pero pareciera ser que se cumple.

—*¿Esos adjetivos constituyen la descripción de un priista?*

—Sí, podría ser. Cabe en una definición de la política tradicional, de la política ortodoxa, de la formación política casi obediente. Es lo que creo.

—*¿Tú todavía tienes un priista dentro?*

—Yo me formé en el PRI y espero nunca regresar a él, aun cuando no puedo negar que tengo amigos dentro. Conservo amigos que hice desde que yo formé parte de ese partido. Mantengo amistad con muchos priistas, y muchos otros ya están en la oposición. Muchos siguen ahí. Pero creo que una vez que decides incursionar en la política desde la oposición, tratas de sacudirte de esos viejos moldes, a veces se logra, a veces no. O a veces inconscientemente sigues en esa posición.

—*Los demás, ¿cómo podemos combatir a ese priista que llevamos?*

—Lo podemos combatir con medios de comunicación independientes, con conciencia, con libertad de información, con el cumplimiento del derecho a la información.

—*¿Así?*

—Sí, porque también han influido enormemente en esta formación política priista los medios de comunicación y han generado vicios impresionantes de manipulación mediática y de manipulación ideológica. Hay necesidad de sacudírselo, y sí se puede cuando se logra el nivel de conciencia política superior. Y yo espero que se logre más temprano que tarde.

Lourdes Ruiz, *La reina del albur*
Comerciante y campeona del doble sentido

El PRI *se la ha tenido que jugar, con albur y sin albur.*

Lourdes Ruiz ha sabido vivir dignamente en las calles de Tepito, el barrio bravo de la Ciudad de México donde nació y
en el cual tiene un puesto de ropa interior que atiende religio-
samente. Es una madre soltera capaz de desafiar a los caballe-
ros más duchos en el arte del doble sentido, el albur, cancha
en la que Lourdes se ha coronado como reina indiscutible.
Entre sus actividades se incluyen diplomados impartidos por
ella misma a los que asisten hombres y mujeres de diversas
edades, bien dispuestos a descubrir los secretos del albur.

—*¿Había escuchado usted la frase "todos llevamos un priista dentro"?*
—No, había escuchado otras frases. Que tenían que ver
con… con algo adentro.

—*¿Qué otras frases? Échese unas, sin pena.*
—¡Échatela tú!

—*A ver, ¿usted cree que llevamos un priista dentro?*
—Pues yo creo que sí.

—*¿Sí? ¿Cómo es ese priista que los mexicanos llevamos dentro?*
—Aguerrido. Los tepiteños también traemos nuestro priista dentro.

—*¿Y cómo es ése?*
—Somos muy aguerridos, muy dueños de nuestro lugar.

—*¿Muy territoriales?*
—Totalmente.

—*¿Y qué ventajas tiene ser así?*
—Pues tiene la ventaja de que te sientes tan dueño, que lo cuidas, y la desventaja es que paradójicamente permites que otros vengan y lo desmadren.

—*¿Usted lleva un priista dentro?*
—Sí, claro. ¿Te digo el nombre?

—*¿Qué tan metido lo trae? ¿Cómo es el priista que lleva dentro?*
—Trabajador, muy luchón, muy aguerrido para que las cosas salgan bien.

—*¿El priista es corrupto?*
—Sí, pero el que tengo yo no.

—*¿Cómo le hace para que el suyo no sea corrupto?*
—Ser yo, no permitirle que lo sea. Mira, para Lourdes es bien fácil pararse el culo y decir: "¡Yo soy ésta, yo soy la otra!"

No, cabrón, es tan sencillo como no aceptarme en algo que no es permitido, ni siquiera corromperme, y ¿cómo se me quita todo eso?, ¿cómo lo controlo? Trabajando diario.

—*Chingándole...*

—Sí, claro. Chingándole y mostrándole a mi hija el ejemplo. Nada es regalado. Aquí hasta el aire es comprado, cabrón. Así que ésa es la manera en que no le permito que me corrompa.

—*¿Quién le enseñó a no permitir que se corrompa usted?*

—La misma situación de la familia, la misma situación del medio ambiente en el que vivo, la misma ciudadanía te va enseñando a ser tú, a que no te infles, porque las estrellitas esas son fugaces y se apagan pronto, pero para que siempre esté brillando tienes que ser tú.

—*¿Y para que una mujer brille en Tepito?*

—Tiene que chingarse mucho, tiene que trabajar de más, tiene que dar ejemplo. Darse su lugar con respeto y chinga en el trabajo.

—*¿Qué opina de los priistas?*

—Bien, son buena onda o al menos los que yo conozco, buen pedo, sencillos como yo soy.

—*¿Como quiénes?*

—[César] Camacho, una persona muy sencilla y alburera igual que yo.

—*¿Es alburero?*
—Claro.

—*¿Y es bueno albureando?*
—Sí, demasiado bueno y fino.

—*¿Cómo es un albur fino?*
—No hay necesidad de una mentada de madre o de un chingaos. Así, sin que se den cuenta.

—*¿Y a usted se la ha albureado sin que se dé cuenta?*
—No, nos hemos albureado los dos a más no poder, pero no así. Sabiendo los dos que nos estamos albureando, por ejemplo, ahorita que estamos aquí me gustaría invitarles un tecito de ramo blanco.

—*¿Son buenos albureros los priistas?*
—Pues él sí.

—*¿Conoce a algún otro priista que sea bueno para el albur?*
—Como él, no. Yo pienso que hasta la propia vida es un albur.

—*¿Por qué?*
—Porque a veces te toca ganar y a veces te toca perder, y pues el PRI se la ha tenido que jugar, con albur y sin albur.

—*¿Se la han tenido que jugar?*
—Se la han tenido que jugar. Aunque todos se avientan la bolita, ya lo sabemos.

—*Perredistas, panistas, verdes...*

—Estamos llenos de corrupción, cabrón. Desgraciadamente la ciudadanía está llena de corrupción, pero es como el machismo, las mujeres lo permitimos. Igual la ciudadanía. Estamos permitiendo mucho abuso.

Mikel Alonso
Chef

Creo que falta coherencia en las identidades partidistas.

Mikel Alonso es el genio creador del Biko, el mejor restaurante de México y uno de los más celebrados en el mundo.
Lamentablemente, Alonso nos recibió ahí por la mañana, y no
había ni siquiera un café.

Alonso nació en Irún, al norte de España, en la frontera
con Francia. Con sus abuelos atendía una granja, recogía frutos,
cosechaba vegetales y hasta hacía miel. Por eso el cocinero
vasco, cálido como pocos y apasionado de la comida mexicana, insiste en que el gran secreto de su comida está en la elección de la materia prima. Y en la compañía, por supuesto.

—*Llevas 15 años viviendo en México. ¿Te interesa la política?*

—La política es algo natural en los seres humanos. Está
ahí, la elijas o no. Todos en algún momento tendríamos que
hacer un poquito de política para poder aportar algo al país en
el que se vive. Es un derecho que se debe ejercer. Otra cosa es
que seamos extremistas; yo normalmente tiendo a ser apolítico,

pero en este mundo ya no se puede ser un ermitaño político. Es parte de ser ciudadano.

—*Hay dos puntos de vista: que los mexicanos somos naturalmente priistas o que ese partido ha sido lo suficientemente listo para entender la estructura básica del mexicano y parecerse a él. ¿Cuál de las dos crees tú que es la correcta?*

—Hombre, es que también la identidad partidista es compleja y no sé hasta qué punto la gente elige partidos o personas. No sé hasta qué punto la identidad política no se ejerce; no sé hasta qué punto el izquierdista es el más derechista del mundo y el derechista es el más izquierdista del mundo. No sé hasta qué punto unas siglas que significan revolución institucional no concuerdan para nada con lo que se ejecuta o un partido que clama por una acción nacional no es tan nacionalista.

"Creo que falta una gran coherencia en las identidades partidistas. Un partido prometió hacer una revolución, pero seguimos igual. Quizá no está bien que yo lo diga porque al final soy el gachupín que vino aquí, pero ejerzo mi profesión en este país, le pertenezco. También creo que la política, tal y como la estamos viviendo, es obsoleta porque está atada a reglas de hace 70 años."

Ifigenia Martínez
Fundadora del PRD

No hay priista perfecto.

Ifigenia Martha Martínez y Hernández, economista, académica, diplomática y fundadora del PRD, es una de las más destacadas mujeres de nuestro país. Fue la primera mexicana graduada con doctorado en economía por la Universidad de Harvard. Es una de las escasas figuras de la izquierda que aún se respetan.

Ha sido diputada y senadora. En la LXI Legislatura presidió la Mesa Directiva de Decanos, que es el máximo órgano de reconocimiento del Poder Legislativo. Es integrante de la lista de los personajes históricos del Congreso de la Unión.

Cuando perteneció al PRI, la autora de *La distribución del ingreso en México* fue subsecretaria de descentralización administrativa de la Secretaría de Hacienda. En 1966 encabezó la jefatura de la Oficina de la Presidencia de la República y fue embajadora de México ante la Organización de las Naciones Unidas.

Fue también precandidata del PRD para la jefatura de Gobierno del Distrito Federal en 2000 y ha sido coordinadora económica de las campañas presidenciales de Andrés Manuel López Obrador.

Es consejera para la Reforma Política del Distrito Federal, nombrada por Miguel Ángel Mancera.

—*¿Qué piensa del* PRI?

—No puedo negar que tengo un cierto gusto de que hayan regresado y que ya no esté el PAN, porque aun cuando hay gente muy valiosa, son de una relevancia política un tanto "diferente".

—*¿Tiene buenos recuerdos de su época priista?*

—Sí, claro. Mis amistades, por ejemplo. Que una vez le pidieron permiso a mi marido para que yo diera un discurso...

—*Ahora hay una secretaria general...*

—Todavía hay machismo, y del peor, que es el disfrazado.

—*¿Usted cree que todos los políticos llevan un priista dentro?*

—En aquel entonces, sí. El PRI era una organización política al servicio de los gobiernos de la Revolución, de los gobiernos que se supone habían sucedido al porfirismo. El partido dominante era el PRI.

—*¿Cómo era la priista que usted llevaba dentro?*

—Yo pensaba que la revolución la llevábamos como sociedad y como nación. Era una aspiración.

—¿Cómo era el priista de aquellos años? ¿Aún no tenía una connotación negativa el ser priista? ¿Cuál era la percepción del priista en ese tiempo?

—No, ni siquiera ahora. Hay muchos priistas, hay muchos así, pero creo que la clase directiva del PRI sí tiene una conciencia histórica. Otra cosa es el priismo regional...

—¿Aún existe dentro de usted un pequeño priista?

—Yo creo que sí, en el sentido de una acción democrática, una dirección de principios y de políticas que uno quisiera que se pusieran en juego.

—Usted ha sido maestra de priistas...

—Sí, de Manuel Camacho, de Carlos Salinas, entre otros.

—¿Cómo era Carlos Salinas en el salón de clases?

—No daba lata; era muy inquieto, eso sí. Nunca andaba solo, se movía en equipo con Manuel Camacho.

—¿Por qué cuando pensamos en el PRI pensamos en términos negativos?

—Porque del PRI emanan la mayoría de los gobiernos, sobre todo ahora a partir de Peña Nieto y antes del periodo panista, porque se le achacan los males, las complejidades y las inconsistencias de la acción pública.

—¿Quién es un priista perfecto?

—No hay priista perfecto. Zedillo era un prianista. Estaba en la frontera.

—*¿Fox tiene más de priista que de panista?*
—Sí. Es de Guanajuato.

—*¿Usted sostiene que el típico priista se genera en lo local?*
—Ahorita, sí. No son tan cosmopolitas. Les cuesta trabajo hablar inglés, les cuesta trabajo conversar. ¿O no?

—*¿Qué es lo mejor que le dejó a usted el* PRI*?*
—La amistad, el sentido de compañerismo, de solidaridad.

Graco Ramírez
Gobernador de Morelos

No hay una gota de priista en mi ADN.

Graco Ramírez es gobernador de Morelos desde 2012. Le precedió Marco Adame, que tiene fama de ser uno de los peores gobernantes de ese desafortunado estado.

Hijo de Graco Ramírez Garrido Alvarado —miembro del Escuadrón 201 durante la Segunda Guerra Mundial—, se hizo de un lugar en la izquierda como dirigente estudiantil en 1968. Fundó el Partido Socialista de los Trabajadores, el Partido Mexicano Socialista y el Partido de la Revolución Democrática. Hoy pertenece al grupo señalado como gobiernista.

El perredista tabasqueño fue antes diputado —tres veces— y senador. Como legislador, promovió un juicio político contra el entonces gobernador panista Sergio Estrada Cajigal, que fue aprobado por el Congreso de Morelos pero suspendido por la Suprema Corte de Justicia de la Nación. También fue parte del grupo de legisladores que promovieron un juicio político contra el ex gobernador Jorge Carrillo Olea, destituido en 1998.

Entrevistado en el Palacio de Gobierno, Ramírez habla de las siete décadas que hemos padecido de priismo: "Las etapas de la hegemonía del poder son conocidas: del Partido Nacional Revolucionario con Calles, al Partido de la Revolución Mexicana con Cárdenas y al Partido Revolucionario Institucional con Alemán. En esa síntesis nunca se supo dónde empezaba el partido y dónde terminaba el gobierno. Era un brazo corporativo-social en la mejor época del cardenismo que logró importantes avances en la educación, en el reparto de la tierra, en el fortalecimiento de los trabajadores como una fuerza sindical, pero siempre fue un instrumento del Estado, cuya legitimidad no estaba en el sufragio.

"La lógica era, bajo esa visión autoritaria, que la legitimidad se las daba el ser herederos de la Revolución, sin ratificarla por la vía del sufragio, y todos aquellos que estuvieran en contra no sólo eran adversarios, eran enemigos de la Revolución. Ése era un sustento autoritario.

"Se formó una cultura del poder, y ese poder hizo de su ejercicio una cultura, valga la expresión, de las relaciones de la sociedad con el Estado y con el gobierno. No se concebía ninguna posibilidad de pertenecer a un sindicato que no perteneciera a un sector del partido dominante. No se concebía ser parte de una organización campesina sino desde la lógica del partido del Estado, es decir, un partido hegemónico cuya legitimidad se puso en crisis en la elección de López Portillo, cuando fue el candidato único.

"El priismo —concluye— tiene una esencia fundacional en la visión más progresista, una visión nacionalista revolucionaria [que entró en contradicción cuando Cuauhtémoc Cárdenas encabezó en 1988 la fundación del Partido de la Revolución

Democrática]. Los que veníamos de la izquierda en la formación marxista partíamos exactamente de la esencia de que no había adversarios sino enemigos de clase. Y los que venían del PRI hablaban de que no había adversarios sino enemigos de la Revolución mexicana."

—*¿Alguien aprendió?*
—Pienso que muchos hemos aprendido a ser demócratas y a otros no les es fácil porque el ADN de la formación priista y la formación marxista no lo permite. Yo te puedo decir que no tengo el problema del priista dentro. Hoy digo: dictadura, ni la del proletariado.

"En estas relaciones, lo trágico es que esta cultura priista del poder ha alcanzado a sectores del PAN, que cuando ejercen el poder terminan, lamentablemente, en una caricatura priista. Y también a sectores del PRI. Yo soy una excepción de la regla —acota—. Nuestras figuras fundacionales y nuestros gobernadores traen ese ADN.

"Nuestro legado debe ser no repetir los errores cometidos por los del flanco panista: la frivolidad y el dogmatismo religioso, que no permitieron sino una repetición de ejercicio del poder con sustento autoritario. No debemos perpeturarnos, aunque la tentación es ésa. Hay que estar dispuesto a ser parte de la alternancia, pero el que llega siempre quiere quedarse. Es el ejemplo del PRI."

—*¿Tú nada tienes de priista?*
—Yo tuve simpatías por Carlos Madrazo desde muy joven, pero cercanía por un periodo muy corto. Luego me fui con las ideas de izquierda, a un proyecto socialista y reformista.

—*Nosotros nunca hemos militado en ningún partido y, sin embargo, creemos que algo de priista tenemos dentro.*

—Son formaciones.

—*Piensa en la relación que tenemos con la corrupción. En general, la aceptamos...*

—Pues hay que romper esta inercia cultural de que siempre ha sido así. Lamentablemente, la corrupción es inercial. Es una práctica legitimada en el ejercicio del poder.

—*¿Todavía existe un típico priista?*

—Sí.

—*¿Cómo es?*

—Es aquel que dijo que cuando se creó el IFE, se acabó el PRI. Un priista clásico es el que añora un juez electoral a modo. Para mí, el PRI de hoy, de Peña, tiene una virtud: que entendió que no puede hacer lo mismo que antes. Prefiere el acuerdo político para cambiar las reglas.

—*¿El acuerdo, el consenso sobre todo, es la aspiración máxima del priista?*

—El PRI tuvo una virtud por su conformación plural: se convirtió en un reducto de varias expresiones políticas. Tenía su izquierda y su derecha. La última fase la dominan la derecha y los llamados neoliberales. Ésa es la decepción que hay. Peña sí tiene un gobierno de leales. Todos son priistas, excepto algunos, como Rosario Robles. Pero Peña, en el ejercicio del poder, ha privilegiado el acuerdo con el PAN y el PRD, y por primera vez el PRD acepta el acuerdo también, porque podría haberlo hecho sólo con el PAN. La cosa es que todavía hay priistas que añoran ese PRI. Tulio Hernández, ex gobernador de Tlaxcala, dijo: "Por culpa de ese pinche IFE perdimos el poder. ¿A quién se le ocurrió hacer esa tontería?" Es lo que te pinta de cuerpo entero a un priista, educado en el priismo, hijo de priistas y gobernador priista.

—*¿Son autoritarios los priistas necesariamente?*
—Bueno, el gen es autoritario porque decían que su adversario era enemigo de la Revolución. Hoy, el priista ya ha aprendido a ver a sus adversarios políticos. Ya no están en la lógica de enemigos; antes te mandaban al bote. Pienso que sí hay un ADN autoritario como lo hay en la izquierda también y como hay un ADN dogmático en la derecha. Creo que viene una generación del PRI que ya no parte de la lógica de depender del Estado, sino de ganar elecciones.

—*¿Y es por fuerza corrupto?*
—No, yo conozco priistas honestos; honestos políticamente, honestos en lo personal, y creo que la corrupción nos invade a todos. No distingue siglas. La corrupción tienta a todos, de todos los sectores, de todos los partidos. No es propiamente una característica de los priistas. Lo fue en términos de que eran la única expresión de dominación política. O como decía aquél, que Obregón era más honrado que cualquier otro general porque todos jalaban con dos manos pero Obregón nomás con una. Es una caricatura. Pero yo sí conozco priistas honorables, decentes. De que los hay, los hay.

—*¿Crees que el priista tiene su propio lenguaje?*
—Sí, el lenguaje del poder.

—*¿Tienen una forma particular de expresarse?*

—Yo creo que sí, aunque cada vez menos. Ahora que conozco a los gobernadores del PRI, del PAN y a los del sector progresista de izquierda, observo que hay diferencias entre ellos mismos. Hay a quienes no les gusta lo que está haciendo Enrique Peña Nieto, y lo digo con convicción. No les gusta que haga acuerdos con el PRD y con el PAN. Quisieran que el presidente ejerciera el poder a plenitud y lo ejerciera únicamente con ellos. Pero la realidad es que ya no pueden, no tienen con qué, ni el presidente ni su partido tienen la mayoría para hacerlo. Tienen que aprender a hacer acuerdos con todos aunque no les guste, aunque les moleste profundamente que el presidente tenga obligadamente que hacer acuerdos. Éstos pensaban en un regreso triunfalista para ejercer el poder a plenitud, como ocurría antes de que perdieran la elección de 2000.

—*¿En qué personajes de la oposición ves al típico priista?*

—Andrés Manuel tiene una cultura maximalista. Yo lo conozco, sé de sus dudas ontológicas de dejar de ser priista. Le costó mucho trabajo ser priista y toda esa práctica que tiene de prédica moral la utiliza para que nadie se confunda de que dejó de ser priista. Tú puedes sentarte con un priista, con un panista y con otro actor político y construir entre todos. La política se basa en el diálogo, y éste empieza con lo que están de acuerdo, no con lo que están en desacuerdo. Yo creo que Andrés Manuel privilegia el desacuerdo para mostrar que él ya no es lo que era. ¿Quién es un ex priista que no quiere ser visto como priista? Ése es López Obrador.

—*¿Y en el* PAN*?*

—En el PAN lo veo en alguien que estimo mucho, muy inteligente. Lo conocí como funcionario público con el PRI y lo estimo mucho porque es un hombre que siempre me ha parecido brillante: [Javier] Lozano. Ahora Lozano no quiere ser visto como ex priista y es el más radical. Y Juan Rodríguez Pratts, que con ese ADN priista quiere ser visto como panista a ultranza. Juan y yo somos amigos desde muy jóvenes en Tabasco, pero es así. Siempre está preocupado por que no descubran, que no se den cuenta de que ya no es priista.

"Esos personajes son rupturistas; rompen con la Iglesia y quieren demostrar que esa iglesia ya no es la suya. Luego fundan su propia iglesia o se afilian incondicionalmente a una nueva. Andrés hizo su propia iglesia, Morena, el partido donde él decide, habla, manda. Es la palabra del líder la única que cuenta. Y los casos de Lozano y Juan son de ex priistas que se han convertido en panistas intransigentes. Hay gente doctrinariamente formada en el PAN que tiene más flexibilidad para encontrar diálogo y acuerdo con otros, sin temor."

Pedro Kumamoto
Diputado local y ex candidato independiente

*El mexicano tiene una relación fetichista
con el autoritarismo.*

Pedro Kumamoto es el primer diputado local independiente de México. Ganó con más de 50 000 votos su distrito, el X (Zapopan), y superó a todos los partidos. Prácticamente sólo utilizó las redes sociales para promoverse, y su campaña es una de las menos onerosas de las que se tenga noticia. Obtuvo poco más de 18 000 pesos de financiamiento público y 240 000 de sus simpatizantes, cada uno de los cuales no podía donar más de 7 000. Kumamoto logró demostrar que una candidatura puede tener éxito sin gastar sumas millonarias, como suelen hacer los partidos.

Es licenciado en gestión cultural por el ITESO, en donde representó a la Unión de Sociedad de Alumnos hasta 2014. También es miembro de Wikipolítica Jalisco, una organización que busca hacer copartícipes a los ciudadanos en la toma de decisiones.

—*¿Del uno al* PRI, *qué tan independiente eres? ¿Habías escuchado alguna vez la frase "todos llevamos un priista dentro"?*

—Desde la primaria la escuchas, ¿no? Y al menos a mí me generaba una gran sorpresa cuando me la decían desde chiquito y creo que poco a poco la he ido entendiendo con mayor profundidad, conforme vas estudiando temas políticos y temas históricos.

—*¿Qué has entendido?*

—Que el mexicano tiene una relación muy extraña, podríamos decir hasta fetichista, con el autoritarismo. Por un lado lo repudia el público, pero lo quiere para poder tener cierta "eficiencia" en sus procesos, en sus momentos de crisis. Lo mismo sucede con la corrupción: el mexicano se dedica a hablar mal de ella, pero el primer momento en que ve que puede utilizarla para facilitar sus distintos intereses, la utiliza. Y finalmente, también habla de que estamos dispuestos a poner nuestros valores o nuestra ética en venta. Creo que eso es lo que podría resumir como el espíritu priista.

—*¿Cómo fue tu experiencia en el terreno electoral para enfrentar al* PRI?

—Nuestro planteamiento es antipriista por esencia propia. Es decir, creo que lo que estamos buscando es balcanizar la toma de decisiones, por así decirlo. Tratar de generar una deliberación constante, abrir espacios de participación de la ciudadanía, y eso va en contra de los espíritus de la discrecionalidad, la verticalidad y la centralización en la toma de decisiones que son necesarios para tener el pragmatismo, la corrupción y el autoritarismo.

—*¿Cómo es la relación del* PRI *con los jóvenes?*

—El PRI es un organismo político comprometido con perpetuar estas prácticas o este código político pragmático, de entender al servicio público como un espacio de enriquecimiento, de entender a la política como un medio para llegar a otros fines, pero no en un fin del servicio público. En general, no todos evidentemente, pero en general los jóvenes priistas para mí ya son viejos, consolidados. Veo una escuela de hábitos que yo no quisiera que se siguiera replicando, no sólo en mi estado, tampoco en nuestro país.

—*¿Tú consideras que llevas un priista dentro, Pedro?*

—Sí, y creo que constantemente tienes que escucharlo para tratar de irte hacia otro lado. Es una buena brújula de dónde está el sur, y si tú quieres seguir hacia el norte, pues tienes que irte por la dirección opuesta. Creo que abrazar las pulsaciones, como diría Freud, o entender tu habitus, es una de las partes más importantes para aceptar quién eres, en dónde estás parado y hacia dónde quieres ir.

—*¿Qué fue lo último que te dijo ese pequeño priista?*

—Esas pulsaciones son constantes, pero creo que en general tiene que ver con el "Ya ganamos".Y no nos podemos confiar. Hemos trabajado muchísimo, hemos redoblado esfuerzos, no hemos parado de agradecerle a la gente. Hicimos un recorrido de agradecimiento por todo el distrito, pasando por todas las colonias. Eso es completamente opuesto al priismo, ¿no? Así me le rebelo al priista que llevo dentro. Después de ganar no hay que ensimismarse. Al contrario, es cuando más hay que abrirse, cuando más hay que buscar la participación.

Macario Schettino
Analista

Logré deshacerme de mi priista.

Macario Schettino es economista, analista político y un exitoso conferencista. Es editorialista en *El Financiero* y ha publicado cientos de artículos y varios libros, *Reconstruir México, Propuestas para elegir un futuro, Introducción a las ciencias sociales y económicas, Paisajes del nuevo régimen, Introducción a la economía, Sociedad, economía y Estado, Introducción a la economía para no economistas, Introducción a las ciencias sociales, Cien años de confusión: México en el siglo XX y Estructura socioeconómica de México.* Es miembro del Sistema Nacional de Investigadores.

—*¿Si te decimos que todos llevamos un priista dentro, qué contestas?*
—Que así fue. Que eso es lo que aprendimos durante el siglo XX; el gran esfuerzo del sistema político era convertir a todos en esos pequeños priistas o asegurar que todo mundo tuviera un pequeño priista dentro. Para eso era el sistema educativo mexicano y fue muy exitoso. Yo creo que no hay ningún régimen que pueda compararse en éxito con el mexicano.

Ni siquiera la totalitaria Unión Soviética, que tenía mucha más fuerza que el régimen del PRI, logró inculcar en su gente el amor a la camiseta priista que sí logró el PRI. Es algo verdaderamente sorprendente; es decir, el sistema priista desaparece en 1997, hace casi 30 años, y el resultado es que la gente sigue pensando igual en su mayoría. A lo mejor los jóvenes ya no lo sienten tanto, pero seguimos pensando como si fuésemos ex priistas todavía. Por eso es tan difícil resolver el problema del Estado de derecho en México: las leyes no existían durante el siglo XX, todo era negociación, y lo seguimos haciendo. Aún dependemos de la figura que va a resolver los problemas. Por ejemplo, es muy notorio en el caso de los votantes de López Obrador que realmente quieren que llegue López Obrador a la Presidencia porque creen que eso va a transformar a México, es una visión priista cien por ciento. Por eso digo que fueron muy exitosos y que creo que todos traemos un priista dentro, unos más, otros menos.

—*¿Tú también?*

—Yo creo que logré deshacerme del priista cuando escribí mi libro de *Cien años de confusión*, pero he de decir que fue muy difícil escribir el libro. Sufría cuando lo escribía porque iba exactamente en contra de lo que yo había aprendido desde niño.

—*¿Cómo nos educaron desde la escuela para ponernos la camiseta del PRI?*

—Veinticinco por ciento del tiempo de los niños y jóvenes mexicanos se destina a estudiar ciencias sociales. Ningún país civilizado en el mundo destina tanto tiempo a ese tipo de materias. En México tenía que ser así porque era necesario ir creando el gran mito revolucionario a través de los distintos cuentos que nos van contando desde niños; la historia mexicana es una construcción, como todas las historias nacionales. Fue inventada por los liberales del siglo XIX, que dicen que los indígenas se defienden del invasor español, y luego es transformada durante el siglo XX y se conecta con esta otra historia que nos convierte en un país casi socialista, en el que vamos respetando cada vez más a los indígenas, a los obreros, a los campesinos y cada vez criticando más a los empresarios, a la Iglesia y a los extranjeros, porque ésa era la lógica del nacionalismo revolucionario.

—*O sea que al final la corrupción sí puede ser cultural...*

—Claro que es cultural, sin duda. Me sorprende que la gente reaccione tan fuerte ante esto. Todo lo que hacemos o viene de naturaleza o es cultural, y yo no creo que venga de la naturaleza, en consecuencia, es algo que creamos en nuestra cultura. ¿Por qué la cultura del mexicano es corrupta? Porque la visión de las leyes y la separación del espacio público y el privado es algo muy reciente en la historia humana, de hace 200 años en la mayoría de los casos. Cuando estábamos haciendo algo parecido, que es el tiempo de Juárez y de Díaz, vino la Revolución y nos echó otra vez de regreso. Todo el siglo XX construimos reglas por fuera de la ley, para poderlas negociar continuamente.

—*La inexistencia del Estado de derecho es necesaria para el* PRI. *Se nutre de ella.*

—Es algo que necesitaba el viejo régimen; todos los regímenes autoritarios necesitan que no haya ley. La ley es algo negociable y se va resolviendo caso por caso. Así funciona México desde el siglo pasado y nadie se quejaba porque a cada quien le tocaba su pedacito, y porque apelar a la ley prácticamente nunca tenía sentido.

—Cuéntanos del proceso para domar a tu priista. ¿Cómo lo eliminaste?

—Yo no sabía todo lo que supe después. Yo me había aprendido los mismos cuentos que todos y así funcionaba, cuando entré a trabajar con Cuauhtémoc Cárdenas al Gobierno del Distrito Federal en 1997 y me toca ver de cerca la disputa por el patrimonialismo, por las oficinas, las secretarías, los autos. Me pareció algo increíble, no lo esperaba, y se lo comenté al ingeniero y me respondió: "Entiéndelos, llevan mucho tiempo fuera". Algo no estaba bien... Ahí empecé a darme cuenta de cómo se construye en México durante el siglo xx ese gran cuento que permite la estabilidad política, el funcionamiento del país, la tranquilidad de los militares, la incorporación de campesinos y obreros aunque sea de forma subordinada, y eso me hizo alejarme paulatinamente de la gente cercana a Cárdenas y escribir desde la perspectiva que me da haber entendido que esto fue un gran engaño.

—¿Todos los partidos han imitado al PRI o no?

—El único que se salvaba era el PAN, porque fue creado precisamente contra el PRI de Lázaro Cárdenas, pero eso duró hasta los años setenta. Después de eso, cuando se dejan venir los bárbaros del norte, se convierten en priistas, y eso es precisamente lo que les permitió ganar, porque ésa es la naturaleza mexicana. Para sacudirnos todo eso necesitamos un nuevo cuento que explique a México. Todas las naciones necesitan este cuento; nosotros teníamos el de la Revolución, pero ése ya no sirve y no tenemos uno alternativo. Por eso vivimos esta gran angustia.

—*Pero no se han acabado los revolucionarios...*

—Lo que hicieron las reformas es terminar el proceso iniciado con Salinas, en donde se empieza a desmantelar todo lo que había dado la Revolución. Los pedazos que quedan están por ahí desperdigados, pero prácticamente no queda nada. Hemos borrado el siglo xx.

—*¿Estamos generando, en este momento posterior al Pacto por México, mejores condiciones o sólo estamos escribiendo otro cuento?*

—Mejores condiciones económicas, indudablemente. Pero creo que además ésta es una transformación profundísima. Estamos tratando de convertir a México en un país occidental, poniéndonos en condiciones de competir. Con las reglas que teníamos no había forma de competir ni de tener éxito.

—*Con este* PRI *y sus reformas, ¿qué posibilidades tenemos?*

—Lo importante son las reformas. Los señores de la clase política son irrelevantes. La gran cosa fue que se juntaran los distintos partidos políticos a sacar adelante un paquete de reformas que a todos convenía, aunque después ya se pelearon y todo. Yo creo que los políticos mexicanos no son peores que en otras partes del mundo. De hecho tenemos algunos políticos de primera. Y hemos logrado cosas espectaculares: la reforma laboral ya permite generar más empleos que antes, el doble, de hecho, por unidad de crecimiento económico; ahí viene el efecto de la de telecomunicaciones que ya permitió quitarle dinero a Slim y a Azcárraga; ya se logró más o menos ordenar los sindicatos de maestros y de petroleros; ya se está logrando que paguen impuestos los empresarios y por eso se están quejando de la reforma fiscal. Hay cosas que van bien, aunque van a tardar 10 años en dar resultados.

—*¿Qué viene para el* PRI *en adelante?*
—Pues no lo sé. Todo está raro. La elección de 2015 les hizo perder votos a todos los partidos grandes, incluyendo al PRI. Perdió dos millones de votos cada uno. Al PRI no se le nota tanto porque el Partido Verde le ayudó, y reapareció con 600 000 votos en Chiapas, pero ojo, eso no va a repetirse porque nadie lo va a permitir. El PRI no tiene todo para ganar. Se le está complicando la cosa. Desde la transición de 1997 ningún secretario de Estado ha llegado a la Presidencia. Esto se empieza a parecer a Estados Unidos, donde para ser presidente o vienes de una gubernatura o del Congreso, pero no del gabinete. El gabinete desgasta muchísimo.

"Quién sabe qué vaya a pasar, pero creo que el PRI va a desaparecer en el tiempo en el sentido del pequeño priista, y no sé si el partido se vaya a renovar suficientemente rápido como para evitar esa desaparición. El pequeño priista va a extinguirse con cierta rapidez cuando la economía funcione con base en estas reformas que han aprobado. Ese PRI va a perder sentido y se va a volver anacrónico."

—*Tu priista ya no existe…*
—Espero que no. Hago un esfuerzo diario por evitarlo.

—*¿Por qué alguien se afiliaría al* PRI *hoy?*

—La única vez que yo estuve en un partido político fue en el PMT de Heberto Castillo, hace mil años, cuando era yo joven, feliz e indocumentado y pensaba que eso podría servir. Luego participé en política ayudando a Cuauhtémoc y después a Josefina [Vázquez Mota] cuando estaba construyendo su candidatura. Eso fue todo.

Zoé Robledo
Senador perredista

*Si me preguntaran cómo se llama el priista que traigo dentro,
les diría que Francisco J. Múgica.*

Zoé Robledo fue diputado local en el Congreso de Chiapas, por el distrito de Motozintla. Impulsó la Ley para la Prevención y Atención del Desplazamiento Interno en el estado, aprobada en 2012. Es la primera ley del país que regula el desplazamiento de personas en el interior del país, y ha sido reconocida por sus estándares en la protección de los derechos humanos por las Naciones Unidas.

El presidente de la Comisión de Biblioteca y Asuntos Editoriales del Senado pronunció un famoso discurso en 2014, cuando se le entregó la Medalla Belisario Domínguez a su paisano, el escritor Eraclio Zepeda. Exigió la eliminación del fuero y llamó a los servidores públicos a exponer tres declaraciones: la patrimonial, la de impuestos de los últimos cinco años y la declaración de intereses. Dicha propuesta fue retomada por el Imco y Transparencia Mexicana en el proyecto conocido como 3 de 3.

—*Tu padre era priista. ¿Tú tienes un pequeño priista dentro? ¿Lo tenemos todos?*

—Yo creo que sí, porque el PRI fue un partido que tuvo una evolución histórica tan compleja que si me preguntaran cómo se llama el priista que traigo dentro, les diría que se llama Francisco J. Múgica, y Múgica no fue del PRI estrictamente. Era un ente tan grande, tan complejo, que cabían todos, entonces mi respuesta sería sí pero mi priista sería Múgica. Es un personaje que yo admiro muchísimo y al final de cuentas formó parte del sistema, ¿no? Fue ministro de Cárdenas, fue gobernador de Tabasco, fue gobernador del territorio de Baja California, director de las Islas Marías, redactor del decreto de expropiación del petróleo...

—*Muchos reniegan de su priista interno. Nosotros creemos que todos lo tenemos, pero que se manifiesta de diferentes maneras.*

—Exacto. Mi tesis de licenciatura (con Pedro Salmerón), sobre Múgica, es un ensayo corto para la que utilizamos la técnica de la historia contrafactual. La pregunta era: ¿Qué hubiera pasado si en 1940 en vez de Ávila Camacho, Cárdenas hubiera votado por Múgica como candidato a la Presidencia? El desarrollo era una conceptualización del pensamiento político de Múgica, que nos llevó a unas conclusiones acerca de lo que no hubiera pasado si Múgica hubiera sido presidente. Primero, no hubieran modificado el artículo tercero constitucional sobre la educación socialista, no hubiera habido una relación con la Iglesia tan ambigua como hubo con Ávila Camacho, en fin. La conclusión mayor es que si Múgica hubiera sido presidente, probablemente la descomposición del sistema político mexicano, del gran arreglo del sistema político mexicano, no hubiera tenido fisuras en la parte ética de manera tan acelerada. Quizá si Múgica hubiera sido presidente, Alemán nunca hubiera sido presidente y la clase política no hubiera extendido sus tentáculos hacia el mundo de los negocios y demás. Múgica es relevante porque le daba sentido ético al momento posrevolucionario. Por eso creo que decir que nadie tiene un priista dentro puede ser hasta frívolo.

—*¿Cómo es el tuyo, en términos positivos y negativos?*

—La parte positiva está en la formación un poco más clásica de algunos políticos priistas que sí tenían un apego a la historia, a la literatura, a la lectura de los clásicos, al conocimiento del país como prioridad antes de conocer incluso el mundo. Había una generación de priistas que si no eran patriotas, sí eran nacionalistas. Lo negativo me cuesta más trabajo. Soy conciliador. Aprecio arreglar conflictos y el diálogo me parece un elemento fundamental de la política. Comparto esta idea de que la política puede ser una ciencia de aproximación.

"Un hábito típicamente priista que confieso que tengo es comprar más libros de los que estaba leyendo. Los priistas tienen bibliotecas llenas de libros cerrados. Pero estoy dejando ese vicio."

—*¿No hablas como priista?*

—Creo que no, pero lo que puede ser, que es de hecho una actitud y un comportamiento priista que se debe empezar a arrancar de la política, es la condescendencia. Quieren caerle bien a todo mundo. Una parte importante de ser oposición es saber que hay diferencias de opiniones y polemizar. Yo era condescendiente al inicio de mi carrera política, pero ya no. Y ése es un rasgo muy priista.

René Bejarano
Político y profesor normalista

El PRI es el corazón del sistema de partidos.

René Juvenal Bejarano, profesor normalista y catedrático universitario, fue miembro del Comité Ejecutivo del SITUAM a finales de los años ochenta.

Tras el temblor de 1985, participó en la creación de la Coordinadora Única de Damnificados y más adelante fundó, con su esposa Dolores Padierna, la Unión Popular Nueva Tenochtitlán-Centro. Fue muy activo en el movimiento magisterial que tiró al histórico dirigente del SNTE, Carlos Jonguitud Barrios.

Es fundador del Partido Mexicano de los Trabajadores, el Partido Socialista Unificado de México, el Partido Socialista Revolucionario y el PRD, en el que ha sido diputado, dirigente local, consejero nacional, y coordinador de la campaña de Andrés Manuel López Obrador.

Construyó la Corriente de Izquierda Democrática, con enorme poder en el Distrito Federal. Fue director general del gobierno de Cuauhtémoc Cárdenas Solórzano y secretario particular de López Obrador.

Cuando era coordinador de la fracción parlamentaria del PRD en la Asamblea Legislativa del Distrito Federal, fue televisado un video grabado en la oficina del empresario Carlos Ahumada, de quien recibía fajos de dinero. Bejarano cayó en una trampa ideada por Diego Fernández de Cevallos y Carlos Salinas de Gortari, según declaró el propio Ahumada.

En 2004 fue desaforado y aprehendido, e ingresó al Reclusorio Sur. Un año después fue absuelto de las acusaciones.

—*¿Si decimos PRI, qué es lo primero que se le viene a la mente?*

—El PRI es la historia de México del siglo XX. Es el Partido de la Revolución Mexicana, el Partido Nacional Revolucionario, el partido que terminó con el Maximato y abrió las condiciones para la industrialización, después del régimen de Cárdenas. El PRI vivió toda una época de sistema de partido de Estado consolidado desde su fundación en el 29 hasta el 76. Ahí consolidó el charrismo sindical, los sectores, institucionalizó al ejército, acabó con revueltas, con insurgentes sindicales, abrió el desarrollo compartido; fue la época de la industrialización, del milagro mexicano, de la estabilidad económica, cuando en otros países de América Latina había golpes de Estado, represiones, masacres.

—*¿Usted cree que esta historia haya de alguna manera modificado el ADN del PRD, por ejemplo?*

—El PRI es el corazón, el núcleo, las venas, el ADN del sistema político mexicano, del sistema de partidos. Fue durante mucho tiempo y ha sido la escuela de cuadros de mucha de la clase política y es una cultura, es una forma de hacer política, y eso irradia a ex priistas o a sectores que no hayan sido del

PRI. También se inocula en la administración pública, se reproduce y ahí está. Es parte de la forma de ser de los políticos mexicanos, para bien y para mal.

—*¿Qué rescata usted de la cultura priista?*

—La capacidad de comunicación, por ejemplo: los priistas han tenido muy buenos comunicadores, han tenido muchos teóricos de la política. En México no hemos tenido dictaduras militares, ni nada por el estilo, como en Argentina, Guatemala, Brasil, Uruguay. Han sido defensores de un cierto tipo de nacionalismo que terminó deslavándose y desapareciendo casi absolutamente, pero durante mucho tiempo fue un valladar para las pretensiones absolutistas del neoliberalismo norteamericano o de la alineación norteamericana. El PRI fue un edificador de instituciones, no todas negativas o de programas no muy positivos; fue el defensor de la educación pública laica, el consolidador de los libros de texto gratuitos, de la posibilidad de desarrollos regionales muy importantes. El PRI o sus antecesores sentaron las bases del sistema educativo nacional. Torres Bodet impulsó el programa de alfabetización de 11 años durante el periodo que estuvo. Fue el PRI el promotor de una política internacional juiciosa, responsable, seria, respetada que buscaba la paz. Fue el líder de diversos actores o sectores a nivel internacional, en fin.

"Yo nunca he sido del PRI, ni he sido priista, pero uno tiene que ser objetivo. Muchos priistas han sido gente muy respetada y además el PRI también fue un elemento que permitió que se nutrieran las otras opciones políticas. Por ejemplo, en las elecciones de 2006, si no mal recuerdo, para la jefatura de Gobierno del D.F. todos los candidatos de todos los partidos algún tiempo fueron priistas. Marcelo Ebrard fue priista; Demetrio Sodi, que era del PAN, fue priista; Alberto Cinta, que iba del Verde, fue priista. Todos. Eso habla de una cultura y una forma de ser. Y algunos de los líderes más importantes, incluso de la oposición, de izquierda, por ejemplo, pues fueron priistas, como Andrés Manuel o Cuauhtémoc, y hay varios más. Por eso no se puede menospreciar. Hay partes negativas del PRI que se han mencionado mucho, que son las que siempre hemos combatido y que no hemos olvidado y que hay que seguir combatiendo, pero eso no impide ver las cosas con cierta objetividad."

—*¿Y ha escuchado usted la frase "todos llevamos un priista dentro"?*
—Sí. Todos los políticos mexicanos y todos de alguna manera lo llevamos.

—*¿Cómo es el priista que usted lleva dentro?*
—Yo no me he hecho el psicoanálisis tricolor, no tengo que hacérmelo, pero el PRI tiene vocación de poder, y un izquierdista que no tiene vocación de poder, pues termina siendo instrumentalizado por otros actores políticos. Entonces, yo que siempre he tenido vocación de poder, no ambición por el poder vulgar, sino deseo de influir en la vida de otras personas, lo tengo.

—*¿Eso es vocación de poder?*
—Eso es vocación de poder. O sea, deseo de influir y transformar la vida de otras personas positivamente, obviamente, en el caso de la izquierda. Hay quien busca poder para perjudicar a los demás pero eso es distinto. Ésa es la cultura priista. Los

priistas siempre han tenido eso, los caracteriza, y la izquierda lo debería tener. La izquierda tiene muchas tendencias a la marginalidad, a la autoexclusión. Algunas veces ha sido coleccionista de derrotas, aunque siempre seguimos adelante.

"Un líder priista tiene identidad. Eso también se debe valorar. Una izquierda que no tiene identidad se desdibuja y desaparece, pierde soberanía y autodeterminación. Además, la izquierda se ha burocratizado. Algo que le ha permitido crecer y subsistir al PRI es su estructura y organización, que se usan lo mismo para dar tarjetas Monex, comprar votos o repartir despensas, aunque ésa es otra historia. También son buenos formando cuadros y es otra cosa rescatable. En esos términos, ojalá la izquierda hubiera aprendido más de ellos. La otra es que saben gobernar, dan cierta estabilidad; por eso a veces algunos sectores terminan regresando al PRI. Con todo y sus abusos, sus excesos y sus perversiones, los priistas tienen sentido de gobierno y algunos han sido estadistas, lo cual es un nivel superior de capacidad política."

—*Recuerdo cuando Fidel Herrera, el ex gobernador priista de Veracruz, dijo que los priistas estaban en "la plenitud del pinche poder". ¿Usted ha estado ahí?*

—No, eso no existe. El poder no es un orgasmo. No hay un orgasmo continuado o permanente.

—*No estaría mal…*

—Sí, pero estaríamos delirando. La plenitud del poder no existe. Es como la felicidad, que es una búsqueda permanente; se puede ser feliz mucho tiempo o por muchos momentos, pero nadie es feliz todo el tiempo, ni infeliz todo el tiempo.

El poder también es relativo. Hay que impedir que su búsqueda se vuelva una exaltación egocéntrica o algo patológico.

"El poder emana del pueblo; es lo que dice la Constitución, y para el pueblo es su beneficio. Ésa es la que debiera ser la vocación de poder. Y eso brinda un estado íntimo de satisfacción personal, cuando se tienen convicciones y principios que no necesariamente se traducen en cargos. Cuando alguien tiene el poder de ayudarle a la persona que tiene capacidades menores, que no puede caminar y le puedes ayudar para que camine, eso es poder y no necesariamente te atribuye un beneficio personal, pero sí una satisfacción. Ésa es una concesión diferente. La satisfacción genera endorfinas y estados de alegría. Eso sí es gratificante. Pero hay quien encuentra la gratificación en comprarse un relojote, como los de César Camacho."

—*¿Tiene uno así?*

—No, a mí no me han regalado relojes así. Tengo muchos, pero ahí están guardados y un día los venderemos, o subastaremos, porque no es mi estilo. Pero hay quien lo compra y lo exhibe, se siente realizado.

—*Ése es un estilo de vida.*

—Es la ambición, es la riqueza, y la ostentación como forma de satisfacerse.

—*¿Qué hay de negativo en ser priista?*

—Lo podemos decir por épocas. En la reciente es el narcopoder.

—¿Usted qué tiene de priista?

—Nadie es perfecto y tenemos errores. Las tentaciones por la corrupción, que sin duda son algo que existe, la soberbia, la incapacidad para ver las cosas con humildad, con sencillez, la falta de convicción solidaria que a veces ni se percibe, que se siente, pero a veces uno lo asume, la voz de mando que no escucha. Yo creo que se manda hasta con el ejemplo. Eso es una orden silenciosa, pero el autoritarismo represivo y violento también es parte de la cultura política partidista.

"El PRI es un dinosaurio, es un tiranosaurio rex, es un depredador que se presenta de muchas maneras. Su objetivo principal es asimilarte y destruirte. Lo hace de muchas maneras: con la seducción, la cooptación y toda la parafernalia del poder que deriva de eso. La otra es el exterminio, a veces hasta físico, ya no digamos político. Espero no tener nada de eso."

—¿Ha pasado por eso con alguno de sus compañeros de corriente?

—Todos los días, en toda mi historia política, he visto personajes que se dejan corromper y se oxidan por el PRI, por el sistema. También he visto cómo el PRI desaparece, asesina, encarcela y destruye anímicamente a personas.

"A mí me han perseguido. Me persiguen todo el tiempo, y la conspiración de los videoescándalos la urdió Carlos Salinas, que es uno de los cerebros de ese tiranosaurio, ¿no? Ése es el PRI y eso fue un mordisco de un tiranosaurio que tiró a matar.

—¿Cómo ha sido su vida después de los videoescándalos?

—He estado estudiando al enemigo. Una de las claves es estudiar al enemigo para encontrar los mejores momentos para ganarle. El adversario político, esa bestia depredadora que es el

PRI, tiene muchas cabezas, tiene muchas formas de ser. Hay que buscar las condiciones para derrotarla, y eso pasa por la fortaleza individual, pero también por un proyecto colectivo, un programa y una visión. Servirle al PRI es ayudarle a bien morir, ésa es la mejor frase. Por el bien del país, el viejo PRI y el nuevo PRI no deben ser los que determinen el destino de la clase política mexicana.

"Yo creo que, a diferencia de lo que los priistas piensan o que algunos priistas están muy confiados en que su modelo está reinventándose y que van a vivir otros cien años en el poder, están en la etapa terminal de su vigencia política, y eso se hace evidente en que hay un indicio de una clase, de una crisis sistémica que es lo que puede hacer que el propio PRI desaparezca. Ayotzinapa es un indicio, pero no es el único. Y el ejemplo más evidente, con todo y sus mañas, el PRI en esta elección bajó muchísimo.

"Y en la Ciudad de México, aunque andan muy contentos porque ganaron tres delegaciones y porque la izquierda se dividió, quedaron en cuarto lugar, y el antipriismo y el antipeñismo en la Ciudad de México proverbian, pero ésa es una cosa que se está reproduciendo. Van a tener que generarse las condiciones para que esa crisis sistémica cuaje en algo, pero la emergencia de candidaturas independientes, por ejemplo, y el crecimiento de la comunicación horizontal de las redes sociales son indicios de esos factores que pueden propiciar. Sobrevivirle al PRI es entenderlo, es asimilarlo y ver la manera de que eventualmente se le ayude a bien morir."

—*¿Con cuántos priistas convivió en la cárcel?*

—¡Ay, con muchos! Está llena, es como una escuela. Por ejemplo, Fernando Rodríguez, quien confesó que el que mandó a asesinar a Juan Francisco Ruiz Massieu fue Raúl Salinas de Gortari, estaba en la misma que yo. Me platicó sus historias. Y José Antonio Zorrilla Cuevas, que estaba ahí por el asesinato de Manuel Buendía, también me platicó por horas. Claro que como yo soy alguien serio, lo platicado ahí se quedó.

Carlos Navarrete
Ex presidente nacional del PRD

Los priistas me enseñaron a amar a mi país.

El guanajuatense Carlos Navarrete, ex presidente del PRD y ex presidente del Senado, tiene una larga carrera política.

Fue nombrado secretario de Trabajo y Fomento al Empleo del Gobierno del Distrito Federal en la administración de Miguel Ángel Mancera. Es fundador del Partido Socialista de los Trabajadores, por el que fue diputado en su estado, además de coordinador de su grupo parlamentario.

Participó en la formación del Partido Mexicano Socialista y en la del Frente Democrático Nacional. Fue diputado federal en 1988 y repitió en 1994.

Fue electo coordinador de la Fracción Parlamentaria del PRD en el Senado durante la LX Legislatura. En 2012 fue precandidato de su partido a la jefatura de Gobierno del Distrito Federal.

Renunció a la presidencia del partido después de la crisis por la desaparición de los 43 normalistas de Ayotzinapa. El involucramiento del alcalde José Luis Abarca y su esposa como presuntos autores intelectuales de los crímenes sumió al PRD en la más grave de sus crisis, de la que no se ha recuperado.

—*¿Cómo se manifiesta el pequeño priista que llevas dentro?*

—Lo tenemos todos, es cierto, porque 70 años de sistema de régimen de partido hegemónico impregnó la vida política, social, económica y cultural del país. El priismo era el partido del gobierno, era una cultura, era una forma de ser, era el mecanismo de ascenso social, era un estilo de dar discursos, de convivir, de saludar, y si me preguntan, en el PRD más.

—*¿Más?*

—Porque el PRD es la fusión histórica, cultural e ideológica de la gama de la izquierda mexicana con el nacionalismo revolucionario que se formó en el PRI; muchos estilos priistas vinieron con la corriente democrática.

—*Tú has contado que te decían que saludas como priista, que abrazas como priista, pero más allá de eso que son formas, ¿qué hay de priista dentro de ti? ¿Dónde está tu pequeño priista?*

—Mi pequeño priista está en lo mejor que el PRI tuvo durante 70 años. La frase parece muy cursi y a lo mejor lo es, pero soy un amante confeso de lo que es mi país. Los priistas me lo enseñaron: amo mi país, quiero a mi país, no denigro a mi país, lo quiero ver mejor, lo quiero ver más justo, más próspero, más moderno. Lo disfruto, no lo cambio por ningún viaje internacional. Lo disfruto de lado a lado.

—*¿Tú también crees que ya no se puede hablar de un típico priista?*

—No, ya no. El priismo se transformó, y para mal, digo yo. No es que añore a los viejos priistas, por supuesto que no, pero el nuevo priismo es un priismo muy pragmático, muy utilitarista, muy voraz.

—*Queda claro que la voracidad no es exclusiva de los priistas…*

—No, pero es un gen que tiene el priismo, que también tiene una visión patrimonialista del Estado, que cree que son propietarios del aparato del Estado. Es tan cierto que cada uno lleva un pequeño priista dentro que nomás pregúntenle al gobernador de Sonora de su presa y de esos excesos que bien podrían ser los de Rubén Figueroa en Guerrero.

—*Ellos aportaron el gen, pero los demás lo clonaron…*

—Sí, le sale la voracidad a la izquierda también, no estamos exentos. El ejercicio del poder, tal y como el PRI lo ejerció durante 70 años, ha impregnado a otros personajes políticos, incluyendo a los más radicales y a los que se dicen más puros. Pura ni el agua bendita. Está bastante contaminada de tanto meterle mano.

Joaquín López-Dóriga
Comunicador

Todos los políticos llevan un priista dentro.

Joaquín López-Dóriga nació en España en 1947. El conductor del principal noticiario de Televisa empezó en *El Heraldo de México*, en 1968. Luego se integró a *24 Horas*, de Jacobo Zabludovsky, como jefe de información.

Trabajó en la revista *Siempre!* y en el Canal 13 como director general de Noticieros y Eventos Especiales. Ha sido corresponsal de guerra y ha cubierto eventos internacionales de gran importancia, como la muerte de Francisco Franco y de los papas Pablo VI y Juan Pablo I y la elección de Juan Pablo II y Francisco.

Ha entrevistado a una larga lista de personajes, entre ellos a Yasser Arafat, Ronald Reagan, James Carter, Fidel Castro, Salvador Allende, Octavio Paz, Pablo Neruda, Indira Gandhi, Alberto Fujimori, Hillary Clinton y a todos los presidentes mexicanos desde Luis Echeverría.

Ganó el Premio Nacional de Periodismo en 1977 por el género de entrevista y en 1981 por mejor reportaje por el programa *Entre dos fuegos*, ambos aún entregados por el gobierno en turno.

"No, no creo que todos llevemos un priista dentro", dice, vehemente, Joaquín López-Dóriga.

Pero distingue: "Los políticos, esos sí, todos llevan un priista dentro. Y lo confirmamos cuando estuvieron en Los Pinos dos hombres que no eran priistas. Primero Vicente Fox, pero sobre todo Felipe Calderón; más marcadamente Felipe Calderón, porque él creció en un régimen priista. Vaya que Calderón tenía un priista dentro, aunque al mismo tiempo tenía un antipriista. Era un conflicto, pero en el ejercicio del poder, en el ejercicio de la Presidencia, lo vimos operar con sesgos priistas".

—*Citando a Enrique Peña Nieto, ¿no te parece que ser priista sí es algo cultural?*

—Sí, pero difiero. Sólo llevan un pequeño priista dentro los que son políticos, no importa de qué partido sean. Hay excepciones, por supuesto.

—*¿Tú no reconoces que tienes algo de priista?*

—No. Yo no, porque no sé qué me quieren decir con eso. Si es autoritarismo, no lo tengo; si es corrupción, no la tengo; si es la búsqueda del poder, no lo busco; si es el establecimiento de alianzas políticas, ni las he intentado, ni me interesan, ni las he hecho, ni las haré; si es el doble discurso y el del engaño, tampoco estoy en él; si es presentar un solo México, como si no existiera otra óptica, no es mi caso. Por eso estoy convencido de que no tengo un pequeño priista dentro. Yo soy disciplinado, pero eso no es sinónimo de ser priista. Pero lo que entienden los priistas por disciplina es el *borreguismo*. Tampoco es obediencia; es sumisión. De ahí el: "¿Qué hora es? La que usted diga, Señor Presidente". Es sumisión disfrazada de disciplina. Es más cómodo, más llevadero, ser disciplinado que sumiso. Para mí el concepto de la disciplina es hacer lo que tengo que hacer, a tiempo y bien. No faltar un solo día al noticiero, por ejemplo.

—*Es que hay características de nuestra cultura de las que el PRI se ha apropiado...*

—Bueno, es que el PRI estuvo 70 años en el poder, y tuvo el poder absoluto. El presidente Zedillo, ése sí ha sido el único antipriista de los presidentes. Nombró cinco presidentes del PRI en seis años.

—*El presidente de la "sana distancia"...*

—Sí, ése nombró cinco presidentes del PRI. Uno por año. Eran los tiempos de gobierno único, de la telefónica única, de la televisora única.

—*¿Tú crees que la frase que da título a este libro es falsa? ¿Es efectista solamente?*

—Yo conocí muy bien a Carlos Castillo Peraza y era un hombre de un ingenio espectacular, alucinante, deslumbrante. Creo que él dijo la frase como una provocación. Creo que el último Carlos que conocí llevaba un priista dentro. Y lo confirma cuando hace la campaña que hace, cuando rompe con Calderón. No digo que no haya habido rupturas al interior del PRI, claro que las ha habido. Ha habido desprendimientos, empezando por la corriente que encabezó en su momento Cuauhtémoc Cárdenas, pero los priistas son como los músicos: se pelean entre ellos, pero cuando van a tocar, tocan la misma melodía.

—*¿Cómo interpretas la frase de Castillo?*

—A veces era tan indescifrable... No me atrevería a interpretarlo, pero tenía un sentido crítico sin fronteras ni límites, demoledor. Por eso creo que era una crítica hacia algunos panistas, una crítica sobre el perredismo, una crítica a los priistas y una crítica a los hombres del poder, a los hombres de la política.

—*¿En qué personajes de la oposición encuentras un gran priista?*

—En sus expresiones, en su forma de designar candidatos y de tomar decisiones, en Andrés Manuel López Obrador.

—*Has entrevistado a varios ex presidentes priistas, a Enrique Peña Nieto...*

—Hace años aprendí que uno está para escuchar al entrevistado, no para creerle. Hay que contradecirlos, no creerles. Porque un periodista va a hacer una entrevista, no va a sacar una confesión. Mi trabajo no es creerles, es preguntarles y que me contesten.

Margarita Zavala
Precandidata a la Presidencia de la República

El pequeño priista que todos llevamos dentro es la tentación humana expresada en lo político y en lo electoral.

Aunque tiene una carrera política en el Partido Acción Nacional, Margarita Esther Zavala Gómez del Campo ha sido conocida sobre todo como primera dama de México. Es esposa de Felipe Calderón.

Abogada por la Escuela Libre de Derecho, fue diputada local en la Asamblea Legislativa del Distrito Federal y diputada federal hasta 2006. Fue directora jurídica del CEN y secretaria de Promoción Política de la Mujer. También es consejera nacional.

Es una defensora de la equidad de género y es fundadora de la Junta de Gobierno del Instituto Nacional de las Mujeres.

Como primera dama y presidenta del DIF, trabajó particularmente con niños migrantes y en programas de prevención de adicciones.

El año pasado, a través de un video, Zavala hizo pública su decisión de lanzarse a la candidatura por la Presidencia, con o sin su partido.

—*¿Tienes alguna anécdota que nos ayude a determinar el origen de la frase del pequeño priista que llevamos dentro?*

—La primera vez que la oí íbamos rumbo a Cuernavaca a un curso que se había organizado para diputados federales electos, y la verdad es que Felipe me preguntó cómo daba las clases de normas jurídicas y normas morales, que cómo explicaba la diferencia. Era una clase que daba en la preparatoria. Le conté que les decía que las normas jurídicas son el objeto de la justicia y las normas morales del bien, y por eso la virtud se encuentra en las normas morales. Luego comentamos sobre las virtudes cardinales, y cuando llegamos, él empezó así su plática. Cuando hablaba de algunas cosas subjetivas de las propias virtudes cardinales, como fortaleza y templanza, dijo que la concupiscencia era algo así como el priista que todos llevamos dentro. Me acuerdo que me dio mucha risa. A veces es difícil atribuirle una idea a alguien, pero para mí es de Carlos. Es posible que Felipe la haya sacado de ahí. A saber...

"Es como esta otra frase de Carlos Castillo Peraza: 'No es lo mismo involucrarse que comprometerse'. Carlos decía, y me encantaba, que para hacer un huevo con jamón, la que se involucraba era la gallina porque pone el huevo, pero el que se comprometía era el puerco que ponía el jamón, o sea, la vida. En campaña Maquío la usaba muchísimo, y algunos se la atribuían a él."

—*¿Qué quiso decir Carlos con esa frase?*

—Que es importante que sepamos muy bien cuáles son nuestras decisiones. A veces tomamos decisiones que tienen que ver con lo que criticamos, y que hay que poner atención en ello; hay que poner atención en que nosotros también podemos hacer cosas que tiendan hacia el mal, a todo eso que criticamos en otras épocas en el PAN, porque no podíamos acceder como seres humanos a esa posibilidad. De hecho, de eso se trata el tema de las virtudes: un hábito operativo bueno es aquel que se repite constantemente, y es lo que se tiene que hacer. Es repetir lo bueno hasta convertirlo en un hábito operativo, que te hace bueno y justo porque lo eres, no porque estás discerniendo. Por ejemplo, aquel que no miente, que dice la verdad porque aprecia la verdad. El hábito operativo se convierte en virtud. Hay que reforzar estos hábitos para que no nos gane la parte mala.

"El pequeño priista que todos llevamos dentro es un reflejo de la vida, de la tentación humana expresada en lo político y en lo electoral."

—¿*El priista?*

—Sí, en ese sentido era una explicación muy clara porque estábamos formados desde la oposición, desde la crítica a los priistas.

—*Hablando de virtudes, ¿un priista no las tiene? ¿O escasean los priistas que las tienen?*

—No quiero decir eso. Es que durante 70 años escuchabas que ellos se robaban las elecciones, que habían impuesto un régimen autoritario y por eso se les calificaba así...

—*Ahora, ¿tú crees que todos llevemos un priista dentro?*

—Hay quienes lo dejan crecer enormemente y hay quienes nos ocupamos de que no crezca.

—*¿Que se quede chiquito?*
—Yo no lo tengo, ni chiquitito.

—*¿Tú no tienes un priista dentro?*
—No, gracias. Me equivoco, pero trato de que no me crezca.

—*¿Estás segura de que no llevas un priista dentro?*
—Creo que tiene que haber un esfuerzo humano constante, cotidiano, de buscar que tus actos tiendan al bien. Eso se traduce de manera muy simpática en esa frase.

—*¿Cómo son los priistas?*
—Obviamente hay buenos y malos, mejores y peores, pero lo que representa el PRI, por lo que me ha tocado vivir, es algo que no quiero para mi país.

—*¿Qué representa?*
—La ausencia de legalidad, de falta de Estado de derecho, que ha sido de los grandes males en nuestro país. Fueron haciendo un México que no respetaba determinados valores en la vida pública y son de las cosas que han obstaculizado enormemente el desarrollo del país. No distinguen lo público de lo privado, ni en cuanto a moral, ni en cuanto a la utilización de los recursos. También en lo que tiene que ver con las libertades, de religión o de expresión, no les importaba.

—*¿Tú crees que la sociedad los imita, que estamos replicando la conducta de esa clase política?*
—Yo no tengo la menor duda de que cuando adoptas ese tipo de conductas, cuando la sociedad las acepta como parte

de su realidad, las convierte también en expresión misma de su realidad y nos estamos dando permiso de transgredir el bien. El bien no es un asunto religioso, es un asunto de qué te hace bueno como ser humano y qué te degrada. El bien te perfecciona, pero cuando públicamente se empieza a aceptar que no se opte por el bien o que se trivialice el mal o que ni siquiera haya conciencia del mal, la sociedad da permiso para todo. Esa permisividad que se da en la vida pública acaba pasándose también a la vida privada.

—¿*El* PRI *representa la maldad?*
—No, no hay buenos y malos. Simplemente la frase representaba todo aquello que no queríamos.

—¿*Tú encuentras valores en los políticos priistas, en esos pequeños o grandes priistas que forman parte de la esfera política?*
—Yo aprecio los valores que veo en la política, pero es decisión de cada persona la acción política que va a tomar. Yo creo que la política sirve para hacer el bien, no es para el abuso, el agandalle y tampoco es la grilla. La política se engrandece si genera un bien común y para eso se requieren hombres y mujeres no digo buenos ni santos, sino pecadores estándar que tiendan a optar por el bien en su vida y en su conducta y que hablen con la verdad.

—¿*Conoces panistas que llevan un pequeño priista que han dejado crecer?*
—No tengo duda. Algunos lo traen, ese priista existe y es uno de los grandes dramas del PAN. Al no sancionar ciertas conductas algunos panistas se hicieron parte de eso.

—*Específicamente, ¿qué conductas?*

—Los moches, el abuso de poder, la corrupción.

—*¿Cómo se enfrenta eso? ¿Cómo convives con esos panistas? ¿Cómo encaras a tus compañeros de partido que llevan un priista dentro?*

—Exigiendo que las cosas se hagan de otra manera, que haya consecuencias. El PAN debe reorientar la fuerza que lo llevó al poder y reencaminarse hacia la búsqueda del bien, encabezado por hombres honestos.

—*¿Cómo le dirías a otros que enfrenten a su pequeño priista?*

—Hay que buscar que los ciudadanos entren a la política, ciudadanos con valores; hay que democratizar la toma de decisiones; no hay que rendirse.

—*¿Cómo le explicas a un joven de 16 años qué es y cómo es el PRI?*

—Es muy difícil, hasta con uno de 20. Pienso que ellos son los más indignados actualmente y justamente por eso nos ven a todos iguales, porque no les tocó ver esa diferencia y, sin embargo, están impactados viendo cosas que ni se imaginaban, para las que no estaban preparados. Yo veo en las generaciones de jóvenes que están indignados por la corrupción y la quieren castigar, pero desgraciadamente todo lo ponen en un mismo lugar. Su indignación y su molestia no los impulsa a actuar. Los deja pasmados.

—*¿Cómo vas conquistar a los priistas, a los que han votado por el PRI?*

—Primero hay que conquistar la voluntad ciudadana.

—*Pero si alguien que ha votado antes por el* PRI *considerara votar por ti, ¿cómo acabarías de convencerlo?*

—Yo creo que todo ciudadano puede ser sujeto de convencimiento en la medida en que te le pongas enfrente y lo convenzas de tus valores.

—*¿Hay algo bueno que el* PRI *te haya enseñado, Margarita?*

—Yo aprendo de las personas, de su ejemplo. En mi vida ha entrado sobre todo gente del PAN o de la ciudadanía, gente congruente y gente buena dedicada a la filantropía, a las organizaciones sociales. A esa gente me la he topado sobre todo fuera del PRI.

—*¿No has encontrado gente buena en el* PRI?

—Claro que sí. Alguna.

—*¿Como quién?*

—Como los que están genuinamente ahí por lo que creen y por lo que quieren. A toda la gente se le puede convencer y por supuesto hay convencidos en el PRI y como en todos lados, hay gente buena y gente mala.

—*¿Qué hacemos con los malos?*

—Creo que cuando la sociedad empieza a darle valor a quienes hacen el bien, a quienes buscan el bien, a quienes buscan la libertad, a quienes respetan al otro, cuando empezamos a jerarquizar nuestros valores en torno a la honestidad, a la integridad, a la fortaleza, al respeto, se va marcando la vida pública, y la sociedad y la política se van transformando. No es un tema de maniqueísmo, de allá están los buenos y allá están los malos.

—*Estamos indefensos frente a los que nos dañan, los que dañan a nuestro país. ¿Qué hacemos con ellos?*

—Respetar el Estado de derecho sirve para eso. Cuando alguien tiende al mal, interviene la justicia. Y repito, si hablamos de que alguien tiende al bien, no estamos hablando de ángeles. Eso no quiere decir que uno acierte siempre, que no se descuide, pero hay que hacer un hábito y ésa es tarea de todos los días.

"Por eso uno de los temas que me dan mucho miedo respecto de estas nuevas generaciones es justamente que si un partido se mantiene en el poder durante 70 años es porque evidentemente existe una complicidad ciudadana y una complicidad social. Ése es un gran peligro. Por eso se ha sostenido la corrupción, por eso se resiste a desaparecer."

—*¿Crees, como Enrique Peña Nieto, que la corrupción es parte de nuestra cultura y de la condición humana?*

—Creo que está absolutamente equivocado. Creo que la condición humana tiende al bien. Pero parece que esa convicción pertenece sólo a la cultura de unos cuantos.

Xavier López, Chabelo
Conductor de televisión

Seguramente los adultos son priistas.

Hablamos con Chabelo meses antes de que *En familia*, transmitido desde 1968, saliera del aire —un evento que hasta ahora nadie hubiera imaginado—. Creímos, como muchos, que el programa terminaría con la muerte de su longevo conductor, nacido en Chicago en febrero de 1935.

Xavier López ha interpretado a Chabelo desde los años cincuenta en películas y programas de radio y televisión.

Aunque fue reclutado por el ejército estadounidense y sirvió en una base de San Diego, Chabelo se salvó por un pelo de pelear en la guerra de Corea. Luego vino a México a estudiar medicina.

Comenzó su carrera de actor como ayudante en Televicentro. Fue asistente de producción, camarógrafo y *floor manager*. También estudió arte dramático. En 1962 hizo de Chabelo en la película *El extra,* que protagonizó Cantinflas. También interpretó a Chabelo en *El criado malcriado,* con Mauricio Garcés, y *El aviso inoportuno,* con Los Polivoces.

Participó en decenas de películas más y grabó más de 30 discos infantiles.

—*¿Tú crees que todos llevamos un priista dentro?*
—No lo sé. Yo no. Los niños de México tampoco. Están muy pequeños como para entender la política.

—*¿Y los adultos?*
—Seguramente son priistas.

—*¿Cómo percibes a los priistas?*
—Son muy criticados.

—*¿La televisión mexicana lleva un priista dentro?*
—La televisión que yo he hecho no ha tocado temas que tengan que ver con la política. Es una televisión familiar, es otra cosa. En televisión, Chabelo no se dedica a la política. Chabelo es un personaje completamente distinto a los personajes de la política. La televisión es distracción, es entretenimiento. Yo no he sido instrumento de nadie. Me divierto haciendo televisión y lo disfruto.

Sabina Berman
Escritora y dramaturga

El priista se lleva una tajada muy grande para sí mismo.

Sabina Berman, escritora y periodista, estudió psicología y letras mexicanas en la Universidad Iberoamericana.

Codirigió la exitosa película *Entre Pancho Villa y una mujer desnuda*, con Isabelle Tardan, y escribió y coprodujo *Backyard*, que representó a México en los Oscares en 2010.

Han sido premiadas varias de sus obras de teatro, entre ellas la misma *Entre Pancho Villa y una mujer desnuda*, *Muerte súbita*, *Molière* y *Feliz nuevo siglo Doktor Freud*.

También han sido aclamadas algunas de sus novelas; *La mujer que buceó dentro del corazón del mundo* ha sido traducida a 11 idiomas.

Condujo el programa televisivo *Shalalá* junto a Katia D'Artigues y actualmente lo hace en *Berman: Otras Historias*. Sus entrevistas son excepcionales.

Sabina Berman ya había escuchado la frase que dio pie a este libro… Sostiene que el ser priista es un asunto cultural.

—*¿O sea?*

—La estructura social se refleja en un relato cultural también, forzosamente. El priista pretende trabajar para muchos y se lleva una tajada muy grande para sí mismo. Ése es el vicio de carácter principal y de ahí se derivan otros. La mentira es para cubrir esa corrupción, la mentira es un robar de la verdad que es un bien común, y de allí se deriva el autoritarismo. Cuando pasa eso, hay que mantener la autoridad a través del autoritarismo, o sea, autoridad más violencia.

—*Entonces hay priistas-panistas, priistas-perredistas, priistas-verdes, priistas por todos los partidos...*

—Exacto. Son priistas por dentro, que dicen que son de otro partido, pero que interiormente tienen una estructura priista. Claro, y en cada persona que tiene autoridad se puede dar el fenómeno y además se da muy comúnmente porque una manera de adaptarte a un sistema así es imitarlo, es la manera más evidente. Claro que hay otras maneras pero son menos fáciles.

—*¿Quién ha imitado mejor a los priistas? ¿Los panistas?*

—Los panistas fueron una oposición que era diferente al PRI. Cuando adquirieron la autoridad federal no supieron otra manera de ejercerla que la manera priista, es decir, entrando a la cadena de corrupción. Y eso a mí me tocó vivirlo muy de cerca, observarlo. Observar cómo estos paladines de la resistencia a los corruptos entraban a las oficinas de la administración federal mientras que los priistas en sus casas hacían sus maletas y las tenían preparadas para irse en cuanto cayera el primero. Y lo que pasó con los panistas es que estando en la autoridad los primeros dos años estuvieron indecisos, pero mientras se encargaron expedientes de priistas. En la Secretaría de la Función Pública que manejaba Barrio, uno de los héroes del panismo, se prepararon expedientes para pescar "peces gordos". Ésta era una de las promesas principales del panismo y él fue encargado de pescar esos peces gordos y tenía los expedientes. Otro de los personajes que estaba muy interesado en esto era Jorge Castañeda, porque venía de la experiencia sudamericana donde había habido comisiones de la verdad, sobre todo en Chile, y Jorge decía: "Aunque no hagamos un cambio estructural, tenemos que hacer un cambio simbólico importante". Y hablaba de investigar a 100 priistas al azar y los que estuvieran mal en sus cuentas, había que llevarlos a juicio y encarcelar a los que hubiera que encarcelar. Y había un tercer flanco que era el *Pemexgate*, el financiamiento de la campaña priista del 2000, que era un vaso conductor cada sexenio y no sólo a la hora de las elecciones. A Fox se le acercaron los priistas, le dijeron que si hacía eso iba a haber consecuencias y era que los sindicatos priistas iban a paralizar el país. Fox nos invitó a varios artistas, intelectuales y periodistas una noche a Los Pinos y nos dijo que no sabía qué hacer porque era una encrucijada, que le preocupaba mucho que el país se paralizara porque se iba a devaluar el peso. Cuando escuché esto le dije que era lo de menos, que en otros países hubo guerras civiles por esto; si la cuestión era la devaluación del peso, todos lo hubiéramos apoyado, y si paralizaban la carretera México-Acapulco, saldrían los ciudadanos a desalojar a los sindicatos.

"Se le dijo que los cambios políticos nunca suceden tersamente porque hay un pasado con intereses muy específicos y hay un presente que quiere moverlos, pero de eso depende el futuro, que se muevan o no. Cité a Cárdenas. Tres potencias amenazaban entrar a México si se expropiaban las compañías petroleras y aun así tomó la decisión correcta. Los ciudadanos iban al Zócalo, se quitaban las joyas, las cadenas y las pulseras y los anillos y las tiraban en los peroles, la clase humilde y también la clase media. Y esa misma acción de apoyar a un gobierno cambia a un país.

"Había otras personas con opiniones diferentes. Alguien le dijo que dedicara el sexenio a los derechos humanos. Era alguien que tenía una fundación. A mí me shockeó y dije: he aquí un priista. Está mandando al demonio el país... Como ya sabemos, Fox hizo un pacto con los priistas."

—*¿La oposición simula ser una oposición?*
—No, yo creo que hay cierta oposición.

—*¿Cómo es el lenguaje del priista?*
—Doble. Hay un doble lenguaje, ¿no? Nunca vas a ver a un presidente de estas generaciones decir: "Robé un poquito". Como el alcalde nayarita al que le deberíamos de dar una medalla por su sinceridad. ¿Qué es robar un poquito? Es muy interesante la expresión. Si estás manejando un presupuesto de cientos de miles de dólares, robar un poquito es robarte 1 000 dólares, pero como sucede con todas las autoridades, es piramidal. En cada fractal de la pirámide vuelve a suceder. Es mucho dinero, pero además es muy grave porque las decisiones de la autoridad no son para el bien común, son para tomar para sí y para sostener el sistema.

—*Tú eres dramaturga, seguro posees una sensibilidad extraordinaria para identificar la teatralidad en los políticos. ¿Cómo es?*

—Claro que existe y ha regresado porque Peña Nieto es un priista que no pasó por el trance del 2000, se lo saltó allí en el Estado de México. Ahí nunca pasó el 2000, la democracia y las tentaciones de la justicia, nunca ocurrió una cena como la que describo. Es como si hubieran tomado al Peña Nieto de los ochenta y lo trasladaran al 2015. En cuanto a gestualidad es muy acartonado, es todo un abecedario de gestos. Si tú comparas un video de Peña Nieto, que yo sí lo he hecho, con López Mateos… es el imitador. Hay todo un abecedario de saludos que delatan la conexión, no la emoción sino el pacto de la autoridad con la persona o el grupo de personas específicos. El besamanos en Palacio la noche del grito es muy evidente: a quien el presidente sólo le toca la mano le dice: "Está usted aquí"; a quien le aprieta la mano le dice: "¿Estamos en lo dicho?", y es cabrón con el que le toma ambas manos. Pareciera expresar: "La estamos haciendo grueso juntos, ¿no?" El acabose es el abrazo. Ahí hay secretos.

—*¿Quién escribe los guiones del* PRI*? ¿Quién dirige la escena del* PRI*?*

—Eso se transmite por tradición. De hecho, los candidatos priistas suelen acudir con un corrector de estilo, con un actor o una actriz que les dice cómo aflojar los gestos, como cambiarlos por otros. El candidato Peña Nieto era una persona mucho más espontánea que el presidente Peña Nieto. Se ha endurecido porque ya no tiene que ganar una elección. Después de Ayotzinapa y la Casa Blanca se endureció mucho más. Se ha vuelto más solemne y distante.

—*¿Qué harías tú, directora de escena, con el actor Enrique Peña Nieto?*

—Que abra su plexo solar y que deje entrar la emoción de los muchos, que sienta a la gente, pero que no sea nada más para la sesión de abrazos y fotos, sino que se quede allí y escuche lo que le están diciendo como un padre de la nación. Odio las organizaciones piramidales patriarcales pero son las que tenemos. En México, un país presidencial, tenemos un pico en la autoridad. Él es el padre de la nación; ese lugar ocupa. Que no escuche los insultos, sino que escuche el sufrimiento.

—*¿Está actuando Peña Nieto?*

—Tiene buenas y malas actuaciones. La buena actuación es estar de cierta manera, la mala actuación es estar de cierta manera y encima poner un fingimiento. Actuar no es fingir. Actuar es estar y ser. Peña no se comporta como un padre de la nación. La reacción Ayotzinapa, el viaje a China, casi parece un albur. Se fue a la "chingada". En el corazón de la gente, tendría que haber estado allí, tenía que haber cambiado su gobierno a Ayotzinapa hasta resolver las cosas como hizo la Bachelet en Chile cuando se quedaron atorados los mineros… La autoridad se disuelve en el robo. Una tercera parte del país ya es incontrolable, ya no hay país, ya no hay estructura. ¿Qué estamos esperando? ¿Que se lo vaya comiendo, al resto del país? Este gobierno lo está tratando de resolver a partir de la autoridad lo mismo que Calderón. A golpe de bayoneta.

—*¿Quién nos puede salvar del PRI?*

—Yo creo que la mayoría de los mexicanos no tienen oportunidad de ser así de corruptos y no lo son y por eso la sociedad civil es un gran semillero de gente idealista. El gran problema es cuando acceden a la estructura del poder. Puede haber alguien con la fuerza moral, con la determinación y con la inteligencia para cambiar las cosas. Podría ser un presidente, alguien que llegara sin estar torcido, una persona decente. No creo que sea tan inusual, pero con las tentaciones del poder tendría que tener resistencia.

—*¿Sabina Berman lleva un priista dentro?*
—De pronto me doy cuenta que sí, tengo un minipriista.

—*¿Cuándo sale?*
—Cuando estoy en el extranjero y veo una larga fila y calculo cómo llegar antes.

—*¿Te metes a la fila?*
—No. Me ha curado el rechazo general.

—*¿Cómo convives entonces con ese minipriista? ¿Cómo es tu relación con él?*
—Es como un pícaro que me sale en ciertos momentos, no tiene gran autoridad sobre mí, entonces convivimos muy fácil. Yo he dado mordida a un policía de tránsito, lo he hecho y no me siento enormemente culpable, pero soy incapaz de otras muchas cosas. Soy incapaz de robar, soy incapaz de mentir, se me ha vuelto una segunda naturaleza decir la verdad.

—*¿Has visto una cultura priista, una influencia priista entre tus colegas?*
—Sí, lo he visto. La cultura también está contaminada. Las autoridades culturales benefician a los amistosos, no necesa-

riamente a los más relevantes. Se consiguen premios a través de camarillas, de la obsesión con la autoridad que es parte del priismo. Estamos llenos de escritores que están obsesionados con la autoridad y no con la verdad, obsesionados con la clase política y no con los ciudadanos.

"El priista es como el padre mujeriego, borracho, que tiene otras familias, que se ausenta de la casa y se va de juerga y todo mundo en casa se queda muy enojado. Después regresa y entonces la mamá dice 'no vayan a ofender a su papá porque es el dador de todo', y se le recibe sonriente. Ése es nuestro sistema político y ésa es la correspondencia entre los ciudadanos y ese padre corrupto."

—*¿Entre los periodistas está peor la lambisconería que en el mundo cultural?*

—Totalmente. Ahí ves muy claramente la adaptación con el sistema porque la otra opción es estar siempre en contra, no tener otro relato que la corrupción, que también es muy cansado. Estamos en problemas, ¿eh? Hace tres años, yo te hubiera dicho que estaba cambiando el poder y la sociedad en México, pero ahora creo que estamos en un empantanamiento que no veo resoluble por los medios democráticos. Toda la clase política se corrompió y perdió la vergüenza. Ojalá me lleve una gran sorpresa, ojalá surja un candidato que tenga muy claro que la meta es la justicia y que además llegue al poder. Pero lo veo muy difícil.

Ivonne Ortega
Secretaria general del PRI

Mi motivación como priista es que crezca el priismo.

Ivonne Ortega Pacheco es priista hasta en la forma en la que se presenta. Si se le busca en Wikipedia, se advierte al lector que la redacción del artículo "parece estar escrita a modo de publicidad", que no tiene "una redacción neutral" y que por lo tanto no cumple con las convenciones de estilo de Wikipedia.

La secretaria general del PRI ha militado desde joven y ha escalado, eso sí. Fue, a los 25 años, presidenta municipal de Dzemul, legisladora local a los 28, legisladora federal dos años más tarde, luego senadora y, a los 34, gobernadora de Yucatán.

—*Eres una mujer poderosa...*

—Depende. Yo creo que el poder sirve para cambiar la vida de las personas. En este sentido, soy una mujer poderosa.

—*Eres la única mujer que ha gobernado un estado en los últimos tiempos, la última gobernadora que ha tenido este país.*

—Sí, y mi obligación como mujer y como joven es motivar a las mujeres y a los jóvenes, y mi motivación como priista es que crezca el priismo.

—*¿Qué es lo mejor de tu partido?*
—Que se parece a México.

—*¿Qué es lo peor del* PRI?
—Algunas acciones de ciertos personajes, pero eso no es el partido.

—*¿Quiénes?*
—Hay varios que la historia ha juzgado. Le atribuyen acciones individuales al PRI, pero él se parece a México. Es un partido que no lastima la vida de la sociedad. Cuando me preguntan por qué soy priista, les digo que porque el PRI se parece a mí. ¿Cómo veo al PRI? Lo veo como a un padre que toma las decisiones difíciles.

—*¿No ves al* PRI *como mujer, como a una madre?*
—Como a una madre, claro. Que quiere a todos sus hijos por igual, pero lucha por el que menos tiene; quiere a todos sus militantes, pero protege a los más débiles.

—*Las madres también protegen a los hijos que se desvían...*
—Yo puedo hablar de lo que yo he vivido en el PRI.

Jorge Volpi
Escritor

Salinas era el priismo encarnado.

Jorge Volpi es un escritor precoz. Es abogado por la UNAM y maestro en letras mexicanas, también por la Universidad Nacional. Es doctor en filología hispánica por la Universidad de Salamanca. Ha dado clases en la Universidad Marista y la UDLAP, y fue profesor visitante en las universidades de Emory y Cornell.

La novela *En busca de Klingsor* (la primera de una trilogía que sigue con *El fin de la locura* y *No será la tierra*) obtuvo varios premios y se ha traducido a 25 idiomas. En el ámbito público, dirigió el Instituto de México en París y el Canal 22.

Volpi sostiene, convencido, que los mexicanos llevamos un priista dentro: "Durante toda la época del PRI autoritario era inevitable que ciertos modos y comportamientos propios del partido permearan en el resto de la sociedad. Aunque uno también podría verlo a la inversa; es decir, en buena manera como el partido de gobierno que logra cristalizar a todos los caudillos de la Revolución mexicana, probablemente también hace suyos modos de comportamiento que estaban ya en la sociedad mexicana previa a la existencia misma del PRI".

—*¿Como cuáles?*

—Durante todo este tiempo esta vocación autoritaria y sobre todo esta característica que parecería casi sociológicamente prototípicamente mexicana que es la hipocresía o la doble cara: decir una cosa y hacer otra. Que queda muy bien plasmado en tener leyes que todos celebramos, que nos parecen muy bonitas y muy de avanzada, pero que no se cumplen. Una aparente democracia durante 70 años, porque había las instituciones propias de las democracias, pero sólo en teoría porque en la realidad era un solo partido y un solo grupo que gobernaba. Ésa sería la característica central de lo priistas.

—*¿De alguna manera nosotros hemos hecho posible al PRI y sus formas?*

—Efectivamente. Siempre hubo corrupción, desde la época virreinal, porque era la manera en que se podía arreglar cierta cantidad de negocios, y durante esta época del priismo institucional autoritario la corrupción se vuelve una práctica aceptada, que permite darle la vuelta a cierta cantidad de ordenamientos legales y administrativos, y que permiten que unos cuantos saquen siempre provecho en los negocios que se llevan a cabo con el Estado.

—*Entonces ¿los priistas tienen esa habilidad de entender y traducir lo que está pasando en la sociedad, y volverlo práctica?*

—El PRI no es una sola cosa que haya existido de manera invariable desde Plutarco Elías Calles hasta el presidente Peña

Nieto. No es un solo monstruo, no es una sola institución que se haya mantenido incambiable a lo largo del tiempo. Yo creo que una de las cosas más priistas que tenemos es creer que el PRI es todopoderoso, que es casi una encarnación divina, que todo lo podía, todo lo sabía y todo lo manipulaba. Nunca fue así exactamente. Ciertamente una característica del PRI es esta oscilación ideológica o la falta de ideología en aras de un pragmatismo que le permitiera gobernar, es decir, en algunos momentos el partido fue más cercano a la izquierda, o a la derecha. Estuvo muy marcado por lo que decía Cossío Villegas acerca del "estilo personal de gobernar", lo que hacía que en realidad poco se pareciera el PRI de Alemán al PRI de Ruiz Cortines, o poco se parezcan el PRI de Echeverría al PRI de Salinas. Cuando decimos "el PRI es esto o el PRI es lo otro", tampoco hay que creerlo del todo. México fue el PRI durante buena cantidad de tiempo y tenemos que asumir que había muchos Méxicos y muchos PRIS distintos. A fin de cuentas, buena parte de nuestros partidos de oposición actuales están llenos de ex priistas, porque era lo único que hubo durante un cierto tiempo.

—*¿Y cuál es el papel del presidente de la república priista?*
—Tanto Cossío Villegas como Octavio Paz estudiaron lo que era una estructura piramidal, una estructura jerárquica, en donde el presidente, en efecto con ese límite único a su poder que era el tiempo, estaba en la cima de la pirámide y durante al menos cinco años era capaz de dar indicaciones a toda la estructura que venía por debajo, más, independientemente del PRI, a una serie de ciudadanos que estaban dispuestos a adaptarse a este sistema, o porque no tenían más remedio, o

porque ellos también podían sacar algún provecho de este sistema piramidal. Luego vendría un año de transición extraña con un sacrificio ritual en el que un presidente tenía inevitablemente que ir perdiendo poder y su último acto de poder era elegir a su sucesor, y en cuanto éste era elegido, le iba quitando poder al actual, como lo estudió Castañeda en *La herencia*.

—*¿Cómo es el priista que llevas dentro, Jorge?*

—Reconozco que tengo cierta cantidad de modos priistas, sobre todo si por priista entendemos también esta costumbre de pensar una cosa y hacer otra. Tal vez no sea sólo priista, sino que sea mexicana. O de nunca ser capaz de decir las verdades directamente. Eso es algo muy característico del propio sistema mexicano. Casi ningún mexicano puede decir la verdad directamente, siempre tenemos que dar vueltas, sea porque realmente la verdad parece intolerable, sea porque en realidad no queremos decir la verdad y sacamos provecho de alguna manera.

—*¿Y cómo convives con ese priista?*

—Intento reconocerlo, darme cuenta en los asuntos puramente privados, hasta el trato con distintas autoridades públicas en mi condición de director del Festival Internacional Cervantino, de reconocer cuando estamos frente a ese lenguaje que asumiríamos como priistas. Ese no decir para tratar de interpretar lo que debajo de todo eso en realidad queremos decir...

—*Tú has trabajado con priistas y panistas. ¿Cómo fue la experiencia con cada uno de ellos?*

—Mi gran aprendizaje del priismo ocurrió cuando yo era realmente muy joven. Yo estudié derecho en la UNAM y en esa época la facultad era una incubadora del priismo, era la facultad más institucionalmente priista de todas, a diferencia de Filosofía y Letras, donde también tomaba clases, que era de izquierda. Pero la Facultad de Derecho era un semillero del PRI y ahí adentro uno aprendía los modos del PRI de esa época. Lo más importante en esa facultad, por lo menos en el círculo donde yo me movía, era ser presidente de la Sociedad de Alumnos. Para serlo se hacía lo que fuera. Era muy curioso porque en realidad no significaba nada, en el fondo no implicaba ningún poder real, pero sí la posibilidad de ser visto por estructuras del poder priista para pasar de ahí a ser secretario particular de alguien, o estar en las juventudes priistas. Realmente eran unas batallas campales en la sociedad de alumnos, la división de la facultad en grupos, en una u otra planilla, era tremenda. Gastaban mucho en publicidad, hacían mítines, regalaban cuadernitos, plumas, mochilas. En la misma lógica en que así se ganaban las elecciones afuera, entonces había que ganar las elecciones así. Las peleas personales que yo tuve en esos años por apoyar a una u otra planilla fueron enormes y me granjeaban el silencio de los que creí que eran mis amigos. Y me tocó ver que uno de los contendientes que gana con su planilla es acusado por otro contendiente de fraude y el ganador terminó muriendo en circunstancias muy sospechosas. Después pasé a trabajar en el gobierno, en la Procuraduría de Justicia del Departamento del Distrito Federal con Diego Valadés como procurador y Manuel Camacho como titular del DDF. Más tarde me convertí en secretario de Diego Valadés, y siendo secretario de audiencias, yo era el que decidía a quién

213

veía y a quién no. Y me tocó ver pasar por ahí a todo el espectro de la política priista, panista y perredista de la época. Ésa fue mi educación sentimental dentro del priismo que luego es muy difícil quitarse.

"Con los del PAN mi contacto fue muy limitado hasta el gobierno de Vicente Fox, cuando acepté trabajar en el Instituto de México en París como director, estando en París. Mi contacto no era con el medio mexicano, ni con los panistas que estaban gobernando, aunque cuando Felipe Calderón era presidente y yo director del Canal 22, mi intención era que la televisora fuera completamente independiente del gobierno, pero que no dejara de ser parte de esa estructura del gobierno y por supuesto que sí, uno notaba diferencias desde la época de Fox. Los panistas que no habían sido priistas se sentían absolutamente limpios y dispuestos a no hacer todo lo que el priismo hacía, y lo que uno terminó viendo es cómo a pesar de esas buenas intenciones o de ese espíritu puro, muchos terminaron por repetir y a veces exacerbar los modos del priismo que en teoría querían desplazar."

—¿*Cómo aparece esta cultura priista en tu obra literaria? En* El fin de la locura, *por ejemplo, presentas a un psicoanalista que explora la mente de Carlos Salinas de Gortari...*

—En esa novela y otras, sobre todo en ensayos, aparece mi obsesión por el poder que refleja cómo ha sido en México. Por un lado estudiándolo aparece muy claro en la *Guerra y las palabras*, viendo cómo el poder priista se comportó durante el movimiento estudiantil mexicano y durante el levantamiento zapatista, dos de los momentos de mayor crisis en los gobiernos priistas. Probablemente haber estudiado esto desde el lado del ensayo en *La guerra y las palabras* me llevó a escribir *El fin de la locura.*

—*El gen priista llega hasta los Castro en Cuba...*
—Siempre hubo una relación muy buena entre el gobierno priista tradicional con Cuba. Una relación de mutua conveniencia. La defensa mexicana de Cuba le permitía tener un margen de libertad enorme en política internacional frente a Estados Unidos y a su vez le permitía tener menos influencia de Cuba para lo que podrían haber sido distintos movimientos guerrilleros mexicanos. Sí, había una relación priista típica de toma y daca en la relación entre Cuba y México en todo ese tiempo hasta que llega Fox.

—*¿Cómo te imaginas que sea el priista que lleva dentro el Subcomandante Marcos?*
—En estos modos del personalismo, del autoritarismo que tendemos a tener los mexicanos en copia del modelo priista, pues probablemente lo haya tenido durante algún tiempo tratando de querer salir de la retórica priista; busca una retórica completamente distinta que se vuelve fresca e innovadora y hasta literariamente muy notable durante unos años, pero después se anquilosa en quizá lo mismo que denunciaba, hasta llegar a extremos retóricos en los que terminó apoyando a ETA en España, y esos desvíos probablemente lo ilustren.

—*¿Y el priista de Salinas de Gortari?*
—Salinas era el priismo encarnado. En esa astucia, en esa capacidad de leer el momento claramente y de revertir la enorme impopularidad que tenía después de la elección de 1988,

no sólo en México sino en todo el mundo; era admirado por sus reformas, admirado por su talante modernizador. Pero al mismo tiempo ahí está la hubris del priismo: llegó a esa cima para desmantelar el sistema y cayó a partir de la sucesión de acontecimientos de la realidad, como el levantamiento zapatista, el asesinato de Luis Donaldo Colosio, el de José Francisco Ruiz Massieu y el error de diciembre.

Por sus frases los conoceréis
Conceptos, dichos y frases de priistas

En el coche, camino a Cuernavaca, Felipe Calderón confeccionaba el discurso que pronunciaría en la plenaria de los diputados de su partido, a la que había sido invitado en su calidad de secretario general. Lo acompañaba su esposa, Margarita Zavala, a quien le preguntó la diferencia entre normas jurídicas y normas morales.

"¿Cómo se lo explicas a tus alumnos?"

Ella respondió que el objeto de las normas jurídicas es la justicia y el de las normas morales, el bien.

Una vez en la plenaria, Calderón fue muy crítico sobre la labor legislativa, y durante su exposición soltó la frase. El auditorio aplaudió, efusivo. Alguien le habló de la anécdota al entonces presidente del partido, Carlos Castillo Peraza, quien "seguramente la hizo famosa en alguna declaración o entrevista", según Zavala.

Felipe Calderón la repitió en un discurso de campaña, cuando se jugaba la Presidencia: "Hay que combatir al priista que todos llevamos dentro". La citó Ernesto Cordero, precandidato presidencial seis años después: "No se hagan, todos llevamos un priista dentro".

Ese priista es único. Tiene su propio lenguaje. Para retratarlo, conviene recordar algunas de sus frases más típicas.

• • •

—¿Qué es la moral? —pregunta un priista.

—Es un árbol que da moras —le contesta otro.

Este breve diálogo constituye una pieza del catálogo de dichos atribuidos al priismo. El autor fue Gonzalo Santos Rivera (1897-1978), militante del que fuera padre del PRI, el Partido Nacional Revolucionario. Gracias a su partido, fue gobernador de San Luis Potosí de 1943 a 1949. Santos no es recordado precisamente por tener un gran corazón. Fue intolerante frente a las protestas en su contra y reprimía a balazos a los alzados. En 1940 Santos (que de santo no tenía nada) fue acusado de dirigir un ejército de 300 pistoleros comandados por Agustín Ojeda —*el Mano Negra*—, que operaba en la Ciudad de México y atemorizaba a los opositores del gobierno.

Empequeñecido, al otrora cacique le fue expropiado su rancho Gargaleote durante el sexenio de José López Portillo. La del "árbol que da moras" no había sido su primera creación lingüística; ya había decretado que a los enemigos se les aplican los "yerros": enc-ierro, dest-ierro y ent-ierro.

• • •

El que no transa, no avanza

Frase célebre atribuida a la sabiduría popular. Este refrán fue adoptado por los mexicanos gracias a la crítica social y sátira política que hacían los actores en los teatros-cabarets de la década de los sesenta en la Ciudad de México. Fue retomado en la película *La ley de Herodes* en 1999, dirigida por Luis Estrada. La cinta critica la forma de hacer política del partido que entonces, y ahora, ocupa el poder. Se refiere al abuso de cientos de funcionarios que buscan beneficiarse económicamente de su cargo público. El que transa, el que engaña y roba, al final progresa y se desarrolla.

• • •

Dinosaurio

Así se autodefinió Carlos Hank González (1927-2001) cuando anunció su retiro de la política en el ocaso del sexenio salinista. "El Profesor" Hank ya se había autodenominado "dinosaurio" en una conversación con el escritor Fernando Benítez, cuando escribían las memorias del primero. Luego de haber sido secretario de Turismo y Agricultura durante la administración de Carlos Salinas de Gortari (1988-1994), Hank González declaró: "Me he alejado, en definitiva, de lo que ha sido la pasión de mi vida: la política. El dinosaurio se va… Nunca más ocuparé un cargo en el gobierno". La expresión se quedó en el imaginario colectivo para nombrar a la clase política que permaneció en el poder por décadas. Luego vendría la expresión PRInosaurio para definir con humor a los priistas perpetuados en los cargos de la administración pública.

• • •

Un político pobre es un pobre político

Su creador es, también, Carlos Hank González, el poderoso líder político priista en el Estado de México que fue alcalde, gobernador de su estado, regente de la Ciudad de México y secretario de Estado durante el salinismo. No pudo ser presidente de México, a pesar de que en 1982 estaba muy bien posicionado para ser candidato. La razón de la frustración de sus aspiraciones presidenciales tiene origen en el artículo 82 constitucional que entonces requería del candidato "ser hijo de padres mexicanos por nacimiento". El padre de Hank era alemán. Dicho artículo fue modificado en 1993.

En alguna ocasión *el Profesor*, como se le conocía, dijo: "Aunque decidí ser político, primero debería resolver mi problema económico personal, para no depender de la política en ese campo, sino conservar lo más posible una autonomía, y así lo hice, inicié algunos negocios y después la política". Y entonces remató: "Un político pobre es un pobre político".

• • •

A mí nunca me verán con huaraches

Frase pronunciada por Joaquín Gamboa Pascoe, líder de la Confederación de Trabajadores de México, en 1988 cuando perdió la elección al Senado frente a Porfirio Muñoz Ledo. Gamboa honró su frase, pues siempre se dejó ver en alguno de sus Mercedes Benz vestido con casimires exclusivos.

• • •

Es pobre el que quiere

Así lo dijo en 2013 la entonces diputada del PRI Adda Luz Ferrer González cuando se refería a los niveles de pobreza de su natal Campeche. ¿O en realidad habrá sido un consejo para sus colegas?

. . .

Ni los veo ni los oigo

Así se expresó el ex presidente Carlos Salinas de Gortari cuando rendía su sexto y último informe presidencial en el Congreso de la Unión, en septiembre de 1994, mientras un grupo de diputados del Partido de la Revolución Democrática protestaba ante las palabras del mandatario.

. . .

El que se mueve no sale en la foto

Aunque se le atribuye a Fidel Velázquez, líder de la Confederación de Trabajadores de México, organización obrera afín al PRI y que dirigió por 60 años, hay versiones que apuntan al político español Alfonso Guerra González, del Partido Socialista Obrero Español, como la persona que la pronunció por primera vez. Vicepresidente durante la administración del español Felipe González, Guerra se refería —y suponemos que

Fidel Velázquez también— a la posición que debía asumir un subalterno con ambiciones. A como diera lugar, había que mantenerse dentro del cuadro.

. . .

Las relaciones con Estados Unidos ni nos perjudican, ni nos benefician, sino todo lo contrario

Luis Echeverría Álvarez fue presidente de México entre 1976 y 1982. De acuerdo con una serie de cables diplomáticos fechados en 1975 y dados a conocer por *Wikileaks*, el ex agente de la CIA Philip B. Agree reveló que Echeverría entregó información a la agencia sobre México desde 1960. El gobierno de Estados Unidos, ante la posibilidad (hecha realidad posteriormente) de que Echeverría fuera candidato presidencial y luego mandatario, señaló que éste comenzó a mostrar "toques de megalomanía" y "mesianismo". Ya como presidente, Echeverría, elocuente, se refería a la relación entre su gobierno y el estadounidense de esta manera. Fue el gobierno estadounidense quien luego bloqueó su candidatura a la Secretaría General de las Naciones Unidas.

. . .

No traigo cash

Una muestra de la sensibilidad política del presidente Ernesto Zedillo mientras realizaba una gira de trabajo en su administración (1994-2000). Una indígena se le acercó y le ofreció una manta bordada con la imagen de la Virgen de Guadalupe. Al darse cuenta de que se la estaban vendiendo y no regalando, Zedillo la rechazó diciendo: "No traigo *cash*".

• • •

Defenderé al peso como un perro

Fue en 1981 cuando el presidente de México, José López Portillo, se refirió al adverso escenario que atravesaba la economía mexicana. En 1980 el precio de la mezcla mexicana de petróleo estaba por los suelos (como ahora), la deuda externa crecía, la inflación estallaba y el peso mexicano estaba sobrevaluado.

En julio de ese año López Portillo dio una conferencia de prensa en la que acusó a los especuladores de atentar contra la moneda mexicana. En el Club de los Corresponsales Extranjeros juró: "Defenderé el peso como un perro". En septiembre del siguiente año, mientras lloraba al rendir su sexto y último informe de gobierno, anunció la nacionalización de la banca y remató: "Ya nos saquearon. México no se ha acabado. Ya no nos saquearán más".

• • •

La pobreza en México es un mito genial

Pedro Aspe era el secretario de Hacienda durante el sexenio de Carlos Salinas de Gortari. Días después de haber recibido la banda presidencial de manos de su antecesor, Ernesto Zedillo se refirió a la situación que atravesaba el país y declaró que le habían entregado una economía prendida con alfileres. El ex secretario Aspe respondió: "¿Y para qué se los quitaron?"

• • •

Estoy en la plenitud del pinche poder

A días de que culminara su mandato (en 2010), se filtró a los medios de comunicación una llamada entre el gobernador veracruzano Fidel Herrera y Marco Antonio Estrada, candidato del PRI a diputado local por el distrito 30. Herrera operaba apoyos económicos para él y otros candidatos para garantizar el triunfo del PRI en las elecciones de aquel año. En la llamada, el gobernador confesaba que "estaba en la plenitud del pinche poder", lo que le permitía hacer eso y más. Y sí: el gobierno del estado quedó en manos de su "delfín", Javier Duarte, y el partido arrasó con las curules locales que se votaron aquel año.

• • •

Mi gober precioso, el héroe de esta película, papá

En febrero de 2006 el empresario Kamel Nacif, acusado y sentenciado por traficar menores de edad para su explotación sexual, fue el protagonista de una llamada telefónica ampliamente difundida por los medios. Nacif ofrecía al gobernador de Puebla, Mario Marín, los "servicios" de estas menores.

Marín: Quiúbole, Kamel.

Nacif: Mi *gober* precioso.

Marín: Mi héroe, chingao.

Nacif: No, tú eres el héroe de esta película, papá.

• • •

Aquí yace una guerrera y como guerrera murió

Éste es el epitafio con el que Elba Esther Gordillo quiere que se le recuerde, según expresó al encabezar la reunión de la unidad de la Sección 36 del Sindicato Nacional de Trabajadores de la Educación, en febrero de 2012. La ex lideresa del SNTE hoy enfrenta un proceso judicial desde la cárcel debido a que la administración de Enrique Peña Nieto, a través de la Procuraduría General de la República, la acusó de asociación delictuosa, defraudación fiscal y operaciones con recursos de procedencia ilícita.

• • •

La Revolución mexicana fue la Revolución perfecta, pues al
rico lo hizo pobre, al pobre lo hizo pendejo, al pendejo
lo hizo político, y al político lo hizo rico

Adolfo López Mateos cuando fue presidente de México en el
sexenio de 1958 a 1964.

. . .

Vivir fuera del presupuesto es vivir en el error

Otra de las máximas del priismo. Fue acuñada por el jarocho
César Garizurieta, *el Tlacuache*, amigo cercano del presidente Adolfo Ruiz Cortines. Vivir fuera del presupuesto es la peor
pesadilla de los priistas. Vivir fuera del presupuesto es el man-
tra que los mantuvo en el poder 70 años y que los impulsó a
recuperarlo, tras 12 años de hambruna.

Confesión

Hemos escuchado más de una vez que todos somos priistas hasta que se demuestre lo contrario. Y nosotros creemos que es verdad, aunque nos cale...

¿Cuántas veces han sido señalados líderes izquierdistas como Cuauhtémoc Cárdenas o Andrés Manuel López Obrador por su priismo? Llevan décadas arrastrando su condición "vergonzante". Y otros que no fueron acusados acabaron siéndolo, en los hechos, como Manuel Espino o Vicente Fox.

¿Tenemos un gen priista? No podemos perder de vista que hasta hace poco más de una década la vida en México estaba copada por el PRI. Sus primeros gobiernos nos dieron un sistema de salud y educación impresionante para su época, hasta finales de los años ochenta gobernaban en todos los estados y el Congreso fue suyo casi hasta el fin del siglo pasado.

El PRI se nos metió tan adentro que hasta se le extrañó en los años de panismo. En las crónicas de campaña leímos sobre la aparición y la multiplicación de bardas pintadas con la leyenda "Que se vayan los pendejos y que vuelvan los corruptos".

Su cultura, que ha sido calificada como "rancia", ha contagiado al resto de los partidos. Sólo para poner un ejemplo, al inicio de su precampaña presidencial, Ernesto Cordero les pidió a los panistas que promovieran a sus gobernadores "a la antigüita, como le hacen los priistas". "No se hagan... saquen al pequeño priista que todos tenemos dentro...", los animó.

Pero la cultura priista, con sus patrones, sus formas, sus costumbres y su lenguaje, se alojaron más allá de la oposición. La vemos manifestándose en todas partes, empezando por nosotros mismos. Nosotros reconocemos que tenemos un pequeño priista dentro.

Lo hemos hablado: nuestro pequeño priista se revela cuando nos empeñamos en convencer a otros de que tenemos la razón y nos exhibe cuando somos autoritarios. Se hizo presente cuando dimos alguna mordida y cuando hicimos trampas. Pero solemos darle pelea. Y con frecuencia le ganamos.

Se nos asoma el priista que llevamos dentro cuando hablamos con rodeos, cuando decimos una mentirita para sosegar al otro, o cuando nos ponemos de acuerdo. (Una de las máximas aspiraciones de los priistas es ponerse de acuerdo.)

Nosotros lo hicimos. Acordamos buscar al pequeño priista en otras personas. Aquí dejamos algunas pistas para que busquen al suyo.

El priista que todos llevamos dentro de María Scherer Ibarra y Nacho Lozano
se terminó de imprimir en septiembre de 2016
en los talleres de
Litográfica Ingramex, S.A. de C.V.
Centeno 162-1, Col. Granjas Esmeralda, C.P. 09810, Ciudad de México